KB274846

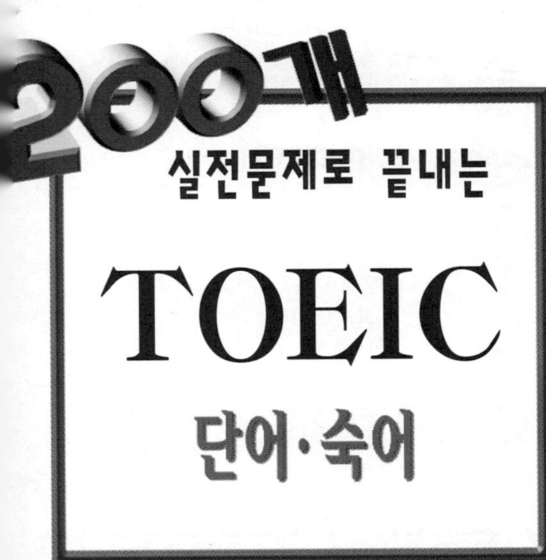

200개

실전문제로 끝내는

TOEIC

단어·숙어

남태현
John Brudell

도서출판
혜지원

저자 소개

남태현   前 파고다외국어학원 교재개발실, D&N편집실장
저서로「TOEIC실전영문법」,「잘터지는 생활영어」,
「해외출장을 위한 비즈니스 생활영어」와 편저
「신경향 TOEFL 600」 등이 있음

John Brundell   무역협회 어학연수원 Instructor, Illinois Univ. TESL석
공저로「잘터지는 생활영어」가 있음

200개 실전문제로 끝내는 **TOEIC** 단어/숙어

펴 낸 이	박정모
표 지	이종도
편 집	송경희
펴 낸 곳	도서출판 혜지원
초판 1쇄 인쇄	1999년 1월 14일
초판 3쇄 발행	2000년 6월 7일
주 소	서울시 동대문구 장안 1동 420-3번지
전 화	(02) 2217-4686
팩 스	(02) 2247-1227
정 가	3.800원
I S B N	89-8379-094-6 13740

인지생략

혜지원은 독자 여러분이 누구에게라도 권할 수 있는 좋은
책을 만들기 위해 노력하고 있습니다.

"작은 사이즈로 휴대가 간편해 지하철 같은 곳에서 틈틈이 볼 수 있으면 좋겠다"

"무작정 알파벳 순으로 단어만 나열한 책이 아니라 실전문제를 풀면서 공부할 수 있으면 좋겠다"

"요즘같이 바쁜 시대에 1년은 공부해야 끝날 것 같은 부담스러운 부피의 책이 아니라 핵심만 추려 모아 한두 달이면 충분히 공부할 수 있는 책이면 좋겠다"

책머리에

위의 세 가지 요구는 시중에 나와 있는 수많은 TOEIC Vocabulary 학습서에 만족하지 못하시고, 필자에게 "괜찮은" TOEIC Vocabulary 책을 만들어달라고 말씀하시던 분들의 주문을 요약한 것입니다.

필자는 전부터 위와 같은 여러분들의 희망 사항에 공감하고 있었으며, 이제 기회가 닿아 **작고**, **알차고**, **실전적인** 학습서를 목표로 이 책을 만들게 되었습니다.

한 달이면 충분하다 **200개 실전문제로 끝내는 TOEIC 단어/숙어**는 제목 그대로 한 달 안에 200개의 실전 TOEIC Vocabulary 문제를 풀면서 TOEIC Part 4 Vocabulary와 더 나아가 Listening과 Reading을 포함한 TOEIC 전반을 대비할 수 있는 책입니다.

이를 위해 본서는 4주 학습 체계로 만들어졌습니다. 학습자는 매주 월요일에서 금요일까지 매일 10개의 기출 TOEIC Vocabulary 문제를 풀면서 지문과 보기에 나온 40~50개의 TOEIC 기출 단어/숙어를 공부하게 됩니다. 그리고 토요일에는 그 주에 공부한 200~250개 단어/숙어 가운데 출제된 15개의 복습문제를 풀면서 한 주를 마무리하게 됩니다.

이렇게 4주를 마치면 총 **200**개의 실전 TOEIC Vocabulary 문제를 풀고, **1000**개 가량의 기출 TOEIC 단어/숙어를 학습하게 됩니다. 이 정도의 어휘와 실전 적응 훈련이면, 비록 완벽하다 하기는 어렵지만, TOEIC처럼 출제 경향이 확연한 시험에는 충분한 준비가 될 수 있다고 자신합니다.

아무쪼록 본서를 통해 TOEIC Vocabulary에 대한 자신감을 얻고 궁극적으로는 TOEIC 고득점을 달성하시는 분들이 많이 나올 수 있기를 바랍니다.

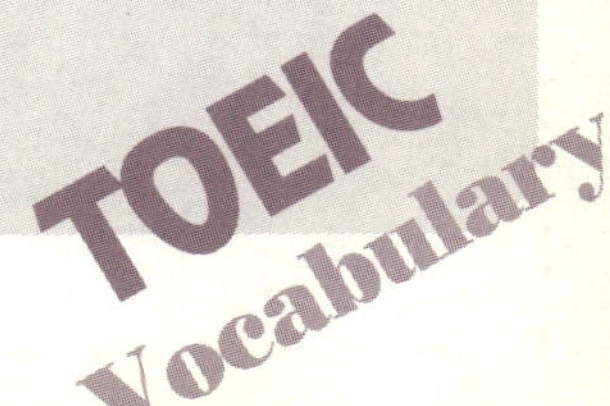

Contents

Contents

TOEIC Vocabulary

1st Week

1. I think Robert's _______ doesn't take into consideration the long-term impact of the problem.

(A) analogy   (B) analysis
(C) analyze   (D) analytic

analogy [ənǽlədʒi] n. 유사, 비슷함 / 유추(법)
He drew an *analogy* between horticulture and God watching over the world. 그는 원예(園藝) 와 세상을 돌보는 신 사이에서 유사한 점을 찾아냈다.
forced analogy 억지로 갖다붙이기

analysis [ənǽləsis] (pl. -ses) n. 분석, 분석결과
You should wait for the results of the statistical *analysis*. 통계 분석의 결과를 기다리셔야 합니다.
in the last[final] analysis 결국 (= after all)

analyze [ǽnəlàiz] vt. 분해하다, 분석하다 / 해석하다
I have *analyzed* the water samples for pollutants. 오염물질이 포함된 물의 샘플을 분석하였다.

analytic(al) [ǽnəlítik (əl)] a. 분석적인 / 정신분석의
She is great at solving problems because she has a very *analytical* mind. 그녀는 분석적인 사고에 능해 문제를 잘 해결한다.
analytical power 분석(적) 능력
analytically ad. 분석적으로

take ~ into consideration ~를 고려[참작]하다
The first thing you have to *take into consideration* is the cost. 가장 먼저 고려해야 하는 것은 비용이다.

Well begun is half done.

2. To reduce costs, we've got to keep accurate records of all expenditures and look for ways to cut our _______ .
(A) settlement   (B) overhead
(C) obligation   (D) pledge

settlement [sǽtlmənt] n. 정착 / 해결 / 청산, 결산
There appears to be no hope for an amicable *settlement.* 평화적인 해결의 가능성이 없어 보인다.
come[reach] a settlement 해결이 나다, 결정을 내리다

overhead [óuvərhéd] n. 일반 비용, 총경비 a. 머리 위의
Cut down on *overhead* until all your debts are paid off. 부채를 모두 갚을 때까지 일반 경비를 줄여야 한다.
an overhead walkway 보도 육교

obligation [àbləgéiʃən] n. 의무, 책임(= responsibility, duty) / 은혜, 신세
You are under no *obligation* to continue once your membership runs out. 회원권의 유효 기간이 지나게 되면 계속 회원으로 남아 있어야 할 의무는 없습니다.

pledge [pledʒ] n. 담보 보증 / 맹세(= oath) vt. 맹세하다
He gave a *pledge* to handle the affair in a friendly manner. 그는 그 문제를 호의적으로 처리하겠다고 맹세했다.

look for ~를 찾다 / ~를 기대하다[기다리다]
He's been *looking for* you everywhere.
그는 여기저기로 당신을 찾았습니다.

제대로 시작된 일은 절반이 된 것과 같다.

3. For most of us, buying a personal computer represents a _______ investment - from $2000 to $5000.
(A) distinctive   (B) gross
(C) constituent   (D) sizable

---

distinctive [distíŋktiv] a. 특유의, 특이한
This flute has a very *distinctive* sound, high-pitched but pleasant. 이 플루트는 고음이지만 듣기 좋은 아주 특별한 음색을 갖고 있다.

gross [grous] a. 전체의, 총 (= whole) / 거친, 천한
Her *gross* annual pay is $45,000.
그녀의 연간 총수입은 45,000불이다.
the gross national product 국민 총생산

constituent [kənstítʃuənt] a. 구성하는, 성분이 되는
n. 성분, 구성요소(= element, component)
We have tried to isolate the basic *constituents* of the compound. 우리는 그 합성물의 기초 성분을 분리해내려 했다.

sizable [sáizəbəl] a. 상당한 크기의, 꽤 많은
She received a *sizeable* bonus when the project was finally completed. 그녀는 마침내 그 사업이 종결되었을 때 상당한 보너스를 받았다.
a sizable sum of money 상당한 금액의 돈

represent [rèprizént] vt. 나타내다, 의미하다 / 대표하다 / ~에 상당하다
A small heart *represents* the word 'love'.
작은 하트는 사랑을 나타낸다.

> **4.** Your ______ for an Metro Department Store charge card has been approved.
> (A) apply   (B) applicant
> (C) application   (D) appliance

apply [əplái] vi. 적용되다, 적합하다 / 신청하다, 지원하다
vt. 적용[사용]하다

> I have decided to *apply for* a research grant.
> 나는 연구 지원금을 신청하기로 결정했다.
> This fee doesn't *apply to* our members.
> 이 요금은 회원에게는 적용되지 않는다.

apply for ~ ~에 지원하다, ~를 신청하다
apply (~) to … (~를) …에 적용하다

applicant [ǽplikənt] n. 지원자(= candidate), 신청자, 응모자

> They have interviewed several *applicants* for the job. 그들은 그 일에 지원한 후보자 몇 명을 면접했다.

application [æplikéiʃən] n. 적용, 응용 / 신청(서), 원서

> We receive in excess of 10,000 *applications* every semester. 우리는 매학기 1만통이 넘는 원서를 접수받는다.

make an application for ~ ~를 신청하다
appliance [əpláiəns] n. 장치, 설비 / 전기기구
household appliances 가정 용구

approve [əprúːv] vt. 승인하다(= sanction), 인가하다
vi. (of) 찬성하다

> The development was unanimously *approved.*
> 그 개발계획은 만장일치로 승인되었다.

5. We have attempted to ------- you repeatedly over the past four months regarding your overdue balance.

   (A) contact   (B) carry
   (C) transmit   (D) deliver

contact [kántækt] vt. 접촉[연락]하다(= reach)
  n. 접촉, 연락/ 교제

   I'll *contact* you as soon as I know my schedule.
   제 일정이 잡히는 대로 연락 드리겠습니다.

be in contact with ~ ~와 연락하고 있다

transmit [trænsmít] vt. (물건, 정보를) 전하다, 보내다
(= convey, deliver)

   The virus was *transmitted* through a
   contaminated blood sample. 그 바이러스는 오염된
   혈액 샘플을 통해 전염되었다.

deliver [dilívər] vt. 배달하다, 전하다(= pass)

   The parcel was *delivered* to your mailing
   address earlier in the day. 그 소포는 오늘 일찍 귀하
   의 주소로 배달되었습니다.

  delivery n. 배달, 전달

attempt [ətémpt] vt. (to do) 시도하다 n. 시도, 기도

   Some of the crowd *attempted* to break through
   police cordons. 군중의 일부는 경찰의 저지선을 돌파
   하려 시도했다.

overdue [òuvərdjú:] a. 기한이 넘은, 늦은(= unsettle,
delayed)

   Your library book is two weeks *overdue*. 당신이
   도서관에서 대출하신 책은 반납 기일이 두 주 지났습니다.

If a job's worth doing, it's worth doing well.

6. Statistics ------- by the mayor's office in November 1997 showed that 75% of unemployed youth are young girls with preschool children.

(A) released   (B) liberated

(C) suppressed   (D) accommodated

release [rilíːs] vt. 놓아주다(= liberate) / 공개[발표]하다 (= present) n. 석방 / 공개

The kidnappers *released* a statement to the press. 납치범들이 언론에 성명을 발표했다.

liberate [líbərèit] vt. 석방하다, 해방시키다

He demonstrated that socialism alone could *liberate* black people. 그는 사회주의만이 흑인을 해방시킬 거라고 주장했다.

liberated a. 해방된, 자유로운

suppress [səprés] vt. 억압[진압]하다, 금지하다 (= restrain, subdue)

The military quickly *suppressed* the rebels. 군은 신속히 반란 세력을 진압했다.

suppression n. 억압, 진압 / 금지, 억제

suppressive a. 억압하는, 진압하는 / 금지하는

accommodate [əkámədèit] vt. 수용하다, 숙박시키다 (= lodge) / 적응시키다 (= adjust)

The ski lodge can comfortably *accommodate* fifty people. 그 스키장의 숙소는 50명을 거뜬히 수용할 수 있다.

accommodation n. 적응 / 숙박, 수용

 할 만한 일이라면 제대로 해야 한다.

7. Thank you for submitting specifications and a cost ________ for the air conditioning work on the Twin City Plaza Project.

(A) estimate   (B) reckon
(C) inference   (D) censure

estimate [éstəmèit] vt. 추정하다, 평가하다 (= access, guess) n. 견적(서), 추정(치)

Relief agencies have *estimated* the damage at close to ninety million dollars. 구호 기관들은 그 피해가 9천만불 가량 될 거라 추산한다.

estimation n. 판단, 평가 / 추정, 추측

reckon [rékən] vt. 세다, 계산하다 (= calculate, count) / 판단하다, 평가하다 (= judge)

He *reckoned* that the worst was over. 그는 최악의 상황은 끝났다고 판단했다.

reckon on[upon] ~   ~에 기대를 걸다

inference [ínfərəns] n. 추리, 추정 (= deduction) / 결론, 추론

Historical tendencies cannot be *inferred* from data covering a mere century. 역사적 경향이라는 것은 고작 한 세기를 담고 있는 자료로는 추론할 수 없다.

infer [infə́:r] vt. 추리하다, 추론하다 / 의미하다, 암시하다

censure [sénʃər] n. 비난, 책망 (= rebuke) vt. 비난하다, 책망하다 (= criticize, reproach)

The Chairman was *never* censured for his poor judgement. 의장은 그의 잘못된 판단에 대해 비판을 받은 적이 없었다.

≰. As an added bonus, we will send you a ________ portable tape dispenser with your first order.

(A) unpaid (B) valid
(C) detached (D) free

unpaid [ʌ̀npéid] a. 지불하지 않은, 미납의 / 무보수의
This time off will be *unpaid.*
이번 휴가는 무급 휴가가 될 것이다.
unpaid overtime 무급 연장근로

valid [vǽlid] a. 유효한, 정당한 (= legitimate) /
효과적인, 정확한
The pass is *valid* for one month after the date
shown. 그 통행증은 발행 일자로부터 한 달간 유효하다.
validate [vǽlədèit] vt. 유효하게 하다, 비준하다

detached [ditǽtʃt] a. 분리된, 고립된 (= isolated) /
파견된
a *detached* palace 별궁(別宮)
The collar on this blouse can be *detached.*
이 웃옷의 깃은 떼어낼 수 있다.
detach [ditǽtʃ] vt. 떼어내다, 분리하다

free a. 자유로운 / 무료의 (= complimentary)
a *free* school 무료 학교
free medicine 무료 진료

portable [pɔ́ːrtəbl] a. 들고 다닐 수 있는, 휴대용의
(= conveyable, compact)
The TV is *portable* and inexpensive.
그 TV는 휴대할 수 있고 비싸지도 않다.

 사람들은 이성으로보다 습관으로더 많은일을 한다.

ㄱ. The bonus is one way of expressing our
_______ for everyone's outstanding effort.
(A) revelation   (B) inspiration
(C) appreciation   (D) arouse

revelation [rèvəléiʃən] n. 누설, 폭로, 발각 (= disclosure)
His book offers no illuminating *revelation*.
그의 책에는 눈에 띄는 폭로가 없다.
The anchorman is unwilling to *reveal* his sources.
그 사회자는 정보의 출처를 밝히지 않으려 한다.
reveal [riví:l] vt. 밝히다, 드러내다, 나타내다

inspiration [ìnspəréiʃən] n. 영감, 암시, 시사
I have derived *inspiration* from Freud.
나는 프로이트로부터 영감을 받았다.
inspire [inspáiər] vt. 영감을 주다 / 격려하다
(= encourage, stimulate)

appreciation [əprì:ʃiéiʃən] n. 감사 (= gratitude) /
이해, 감상 (= understanding)
We'd like to buy you dinner to show our
appreciation. 저희의 고마움을 표하기 위해 저녁을 대접
하고 싶습니다.
appreciate [əprí:ʃièit] vt. 감사하다 / (진가를) 이해하다,
감상하다

arouse [əráuz] vt. (감정, 호기심 등을) 자극하다
(= stimulate, provoke) / (잠에서) 깨우다
This conference should *arouse* some interest in
our research. 이 회의는 우리의 연구에 대한 흥미를 불
러일으킬 것이다.

Industry is fortune's right hand, and frugality her left.

> **10.** Decide the purpose of your advertisement, and _______ out anything that doesn't contribute directly to that purpose.
>
> (A) set　　　　　　　(B) leave
> (C) put　　　　　　　(D) run

set out 출발하다, 착수하다/ 전시[진열]하다/ 해설하다

The pioneers *set out* to colonize the New World.
개척자들은 신대륙을 식민지화하기 시작했다.

She *set out* the scientific theory in her doctoral dissertation.　그녀는 그 이론을 박사학위 논문에 공개했다.

leave out 빼다, 제외하다/ 무시하다

This scene was *left out* of the final version.
이 장면은 최종 편집물에서 제외되었다.

He is a very introverted child and often feels *left out*.　그 아이는 아주 내성적이고 가끔 혼자라는 기분을 느낀다.

put out (불을) 끄다/ 발표하다, 출판하다, 생산하다

We have *put out* a press release, which refutes his allegations.　우리는 그의 주장을 반박하는 보도 자료를 냈다.

Please *put out* your cigarette.　담배를 꺼주십시오

run out 다하다, 끝나다, 만기가 되다

We were quickly *running out* of water.
곧 물이 떨어졌다.

Their charity seems to have *run out*.
그들의 자비심은 바닥이 드러난 것 같다.

 근면은 행운의 오른손이고 검소는 행운의 왼손이다.

11. Supervisors should establish clear-cut objectives for any project to which an employee is ______ .
(A) dispensed (B) inspected
(C) assigned (D) acknowledged

dispense [dispéns] vt. 분배하다, 나누어주다 (= divide) / (의무를) 면제하다

The charity has *dispensed* a large sum of money. 그 자선 기관은 많은 돈을 나누어주었다.

inspect [inspékt] vt. 검사[점검]하다 (= examine) / 조사[사찰]하다 (= investigate)

He *inspected* the fabric for flaws.
그는 천에 흠집이 있는지 검사했다.
inspection n. 검사, 점검 / 조사
inspector n. 검사관, 검열관

assign [əsáin] vt. 할당[지정]하다 (= allocate, appoint) / ~의 탓으로 돌리다

She kept calling him up to *assign* some new task. 그녀는 새로운 과제를 주려고 그에게 계속 전화했다.
assignment n. 할당, 지정 / 임무, 과제

acknowledge [æknálidʒ] vt. 인정하다, 승인하다 (= recognize, admit) / 감사하다

He *acknowledged* his responsibility for the accident. 그는 그 사고에 대한 책임을 인정했다.

She made sure to *acknowledge* her staff in the speech. 그녀는 연설에서 직원들에 대한 감사의 뜻을 분명히 밝혔다.
acknowlegement n. 인정, 승인 / 감사, 사례

No sweet without sweat.

> **12.** Faced with unrelenting global competition, companies came to realize that their old ways of operating were no longer ‒‒‒‒‒‒‒.
> (A) vigilant (B) assertive
> (C) adequate (D) blunt

vigilant [vídʒələnt] a. 경계하고 있는, (자지 않고) 지키는 (= alert, attentive)

> You must be *vigilant* in your quest to win.
> 승리하기 위해선 방심하지 말아야 한다.

vigilance [vídʒələns] n. 경계, 조심, 불침번

assertive [əsə́ːrtiv] a. 단정적인(= confident) / 고집하는, 독단적인(= domineering)

> He was so *assertive* that we thought he must be right. 그는 워낙 확신에 차 있어서 우리는 그가 옳다고 생각했다.

assert vt. 단언하다 / 강력히 주장하다
assertion n. 단언, 확언 / 주장

adequate [ǽdikwit] a. 충분한(= sufficient) / (to, for) 알맞은, 적당한(= suitable)

> He was unable to provide an *adequate* response.
> 그는 적당한 응답을 할 수 없었다.
> These animals are not being *adequately* cared for. 이 동물들은 적절한 보살핌을 받지 못하고 있다.

blunt [blʌnt] a. 무딘, 둔한(= dull) / 퉁명스러운, 솔직한 (= straightforward)

> a *blunt* knife 무딘 칼
> She *bluntly* explained her objections to the expansion plans. 그녀는 그 확장 계획에 대한 그녀의 반대의사를 솔직히 밝혔다.

  수고 없는 성공은 없다.

> **13.** The language of modern business and the basic ideas on which it is founded are _______ profound change.
> (A) endorsing (B) accounting
> (C) undergoing (D) embarking

endorse [endɔ́ːrs] vt. 확인[시인]하다, 승인하다/ (어음 등에) 배서하다, 이서하다

All the delegates *endorsed* nuclear disarmament.
모든 대표자들이 핵무기 감축을 승인했다.

endorsement n. 확인, 시인, 승인/ 이서, 배서

account [əkáunt] vi. (for) 설명하다(= explain) / 원인이 되다 n. 계산/ 계정, 외상 거래/ 고려, 감안/ 원인, 동기

How does he *account* for the shortages?
그는 그 결손을 어떻게 해명하고 있는가?

You never take my feelings into *account*.
당신은 제 기분을 전혀 감안하지 않고 있습니다.

take ~ into account ~를 고려[참작]하다
on account of ~ ~ 때문에, ~로 인해
accountant [əkáuntənt] n. 경리, 회계사

undergo [ʌndərgóu] (-went, -gone) vt. (변화를) 겪다, 경험하다(= suffer) / 견디다

The nation will have to *undergo* radical changes.
그 나라는 극심한 변화를 겪을 것이다.

embark [embáːrk] vi. (배, 비행기에) 타다, 승선하다
(= board) / (in, on) 착수하다, 시작하다(= launch)

She *embarked* on a national goodwill tour.
그녀는 전국적인 자선 공연을 시작했다.

Ninety percent of inspiration is perspiration.

14. Revolutions often begin with the ＿＿＿＿ of only improving the systems they eventually bring down.
(A) quote   (B) eminence
(C) intention   (D) distinction

quote [kwout] n. 인용(문) vt. 인용하다, 예를 들다 (cite) / (값을) 부르다

She *quoted* a Chinese proverb. 그녀는 중국 속담을 인용했다.

quotation [kwoutéiʃən] n. 인용(문), 인용구 / 시세

eminence [émənəns] n. 탁월[고귀]함 (= nobility)

a mathematician of *eminence* 탁월한 수학자

One of the most *eminent* scientist in the world 세계에서 가장 저명한 과학자의 한 사람

eminent [émənənt] a. 저명한, 유명한 / 뛰어난

intention [inténʃən] n. 의도, 목적 (= intent, goal)

I have no *intention* of resigning as long as my constituents need my help. 나는 선거구민들이 내 도움을 필요로 하는 한 사직할 의사가 없다.

with the intention of doing ～할 의도로
without intention 무심히

distinction [distíŋkʃən] n. 구별, 차별 (= separation), / 특성, 특징 (= peculiarity)

There is not much *distinction* between Level 1 and Level 2. 1급과 2급 간에는 별다른 차이점이 없다.

draw[make] a distinction between ～ and …
～와 …에 차별을 두다

distinct [distíŋkt] a. 다른, 독특한 / 명확한

 영감의 90%는 노력이다.

15. You should focus not on indivisual tasks in
________ but on the entire collection of tasks
that contribute to a desired outcome.
(A) separation   (B) isolation
(C) proportion   (D) fraction

separation [sèpəréiʃən] n. 분리, 이탈, 헤어짐
(= segregation, division)

You should *separate* the boys and girls.
소년들과 소녀들을 분리시켜야 한다.
separate [sépərèit] vt. 분리하다 a. 분리된

isolation [àisəléiʃən] n. 고립, 격리 (= detachment)
These questions can't be answered in *isolation*
from each other. 이 질문들은 서로 분리하여 답할 수
없다.
in isolation 따로, 분리하여
isolate [áisəlèit] vt. 고립시키다, 분리하다

proportion [prəpɔ́:rʃən] n. 비율, 몫 (= ratio, share)
/ 조화 vt. 비례시키다

What *proportion* of unwed mothers are on
welfare? 생활보호의 혜택을 받고 있는 미혼모의 비율이
얼마나 됩니까?
in proportion to ~   ~에 따라, ~에 비례하여

fraction [frǽkʃən] n. 부분, 조각, 파편 (= piece,
segment) / 분수

For a *fraction* of a second she was speechless.
잠시 그녀는 말이 없었다.

Genius is an infinite capacity for taking pains.

> **16.** Finance experts _______ whether a product can be made and sold at a profit.
> (A) assess   (B) certify
> (C) suspend   (D) impose

assess [əsés] vt. 평가하다, 사정하다 (= evaluate)
You will need time to settle in and *assess* your surroundings. 주변 환경에 적응하고 그것을 평가하려면 시간이 필요할 겁니다.
assessment n. 평가, 사정

certify [sə́ːrtəfài] vt. 증명하다, 인증하다 (= approve) / 확인하다 (= verify, ensure)
You must have a notary public *certify* the document. 그 문서를 공증인에게 공증받아야 합니다.
certification [sərtìfəkéiʃən] n. 증명서

suspend [səspénd] vt. 중지하다, 보류하다, 연기하다 (= interrupt, postpone) / 매달다, 걸다
The championship flags were *suspended* from the ceiling. 우승 깃발들이 천장에 매달려 있었다.
suspend one's judgement 판단을 보류하다
suspension [səspénʃən] n. 중지, 연기 / 매달기
suspense n. 결정되지 못함 / 걱정, 불안

impose [impóuz] n. (on, upon) (의무를) 지우다, 부과하다 (= charge) / 강제하다 (= force)
The more society *imposes* conformity upon its members, the more people want to rebel.
사회가 그 구성원에게 더 많은 복종을 요구할수록 사람들은 더 많이 저항한다.
imposition [ìmpəzíʃən] n. 부과 / 과세
imposing a. 위압하는 / 훌륭한, 인상적인

 천재성은 끝없이 수고할 수 있는 능력이다.

17. The idea of the specialization of labor argued that success was based on _______ processes into simple tasks.

(A) sustaining   (B) protracting
(C) disclosing   (D) fragmenting

sustain [səstéin] vt. 떠받치다, 유지하다(= uphold)

The problem was how to create and *sustain* public interest. 문제는 어떻게 대중의 관심을 일으키고 유지하느냐였다.

sustenance [sʌ́stənəns] n. 유지, 지속 / 생계

protract [proʊtrǽkt] vt. (시간을) 연장하다, 오래 끌다 (= extend, prolong)

She was late returning to the office after a *protracted* lunch. 그녀는 점심 시간을 오래 끈 후 사무실에 늦게 돌아왔다.

protraction n. 연장, 연기
protracted a. (시간을) 오래 끈

disclose [disklóuz] vt. 드러내다, 노출시키다 (= expose, uncover) / 폭로하다 (= divulge)

You will be required to *disclose* your medical history. 당신은 진료 기록의 공개를 요구받을 것입니다.

disclosure [disklóuʒər] n. 발각, 폭로, 발표

fragment [frǽgmənt] n. 작은 조각, 파편 (= particle) vt, vi. (into) 부수다, 부서지다 (= shatter)

Be sure to pick up all of the *fragments*.
조각들을 반드시 빠뜨리지 말고 주우시오.

into fragments 산산조각으로
fragmentary a. 조각난 / 단편적인

Busiest men find the most leisure time.

> **18.** About 40 percent of the invoices that we sent retailers contained errors, leading to enormous _______ costs.
> (A) reconciliation (B) refinery
> (C) reintegration (D) resolution

reconcile [rékənsàil] vt. 화해시키다 (= reunite) / 조정하다, 일치시키다 (= adjust, settle)

The *reconciliation* of management and labor has been difficult. 경영진과 노동자의 화합은 어려웠다.

reconciliation [rèkənsìliéiʃn] n. 화해 / 조정

refinery [rifáinəri] n. 정련(소), 정련 장치

an oil *refinery* 정유 공장

You'll have to *refine* the basic concept.
당신은 그 기본 개념을 가다듬어야 합니다.

refine vt. 정련하다, 정제하다 / 세련되게 하다

refined a. 정련된, 정제한 / 세련된, 정밀한

refinement n. 정련, 정제 / 세련, 고상, 정밀

reintegrate [ri:íntəgrèit] vt. 다시 통합하다, 재건하다

The two regional railway systems were *reintegrated.* 두 지역의 철도망이 재통합되었다.

reintegration [ri:ìntəgréiʃn] n. 재통합, 재건

resolution [rèzəlú:ʃn] n. 결심 (= determination, perseverance) / 해결, 분해 (= settlement)

He tackled the problem with great *resolution.*
그는 확고한 결의를 갖고 그 문제를 해결하려 했다.

resolute a. 결심한, 단호한 (= determined)

resolve [rizálv] vt. 용해하다 / 분해하다

 가장 바쁜 사람이 가장많은 여가를 가질 수 있다.

19. Where there are more buyers than things available, companies are limited by production ________, not by market demand.
(A) expertise   (B) capacity
(C) endurance   (D) perspective

expertise [èkspərtíːz] n. 전문 지식, 전문 기술(= skill, specialization)

> They sought an *expert* opinion.
> 그들은 전문가의 의견을 구했다.

expert [ékspəːrt] n. 전문가, 숙달자 a. 전문적인

capacity [kəpǽsəti] n. 용량, 크기(= extent) / 능력

> The pipeline has a *capacity* of some 1.2m barrels a day. 그 파이프라인은 하루 약 120만 배럴의 용량을 갖고 있다.

at capacity 생산 능력을 총동원하여
capacious [kəpéiʃəs] a. 널찍한, 용량이 큰

endurance [indjúərəns] n. 지구력, 참을성 (= persistence) / 내구성 (= durability)

> The practice was boring me beyond *endurance*.
> 그 훈련은 견딜 수 없이 지루했다.

beyond endurance 참을 수 없는, 참을 수 없이
endure [endjúər] vt. 견디다, 인내하다

perspective [pəːrspéktiv] n. 원근법, 투시 화법/ 전망, 시각, 관점(= outlook, viewpoint)

> He wanted to leave the country in order to get a better *perspective* on things. 그는 사물에 대한 시각을 향상시키기 위해 그 나라를 떠나고 싶어했다.

26. We often don't realize how we irritate clients when they call us by ________ them all over the place.
(A) transferring　　　(B) transmitting
(C) transacting　　　(D) transcribing

transfer [trænsfə́:r] vt. 옮기다 (= deliver) vi. 갈아타다, 이동하다 n. 이동

The shop was *transferred* somewhere else.
그 가게는 다른 어딘가로 이사갔다.

tranference n. 이전, 이동 / 전임, 전학

transact [trænsǽkt] vt. (사무를) 집행하다 (= execute) vi. 거래하다 (= deal)

He told them not to *transact* any business without him. 그는 그들에게 자신이 없을 때 아무일도 집행하지 말라고 명했다.

transaction n. 거래, 매매 / 집행, 처리

transcribe [trænskráib] vt. 옮겨 쓰다, 복사하다 (= duplicate) / 번역하다 (= translate)

They *transcribed* the piano music for orchestra.
그들은 그 피아노곡을 교향곡으로 옮겼다.

transcript [trænskript] n. 복사본, 베낀 것
transcription n. 복사본 / 녹화 (방송), 대본

irritate [írətèit] vt. 짜증나게 하다, 화나게 하다 (= annoy, provoke)

Everything about him *irritated* her. 그에 관한 것은 모두 그녀를 화나게 했다.

irritating a. 화나게 하는, 귀찮은
irritation [ìrətéiʃən] n. 화나게 함 / 짜증, 노여움

 많은 것을 시작하는 사람일수록 끝내는 것이 적다.

21. I ended up assuming a leadership position because I took more _______ than anyone else on the team.

(A) initiative   (B) initiatory
(C) initial   (D) initiation

initiative [iníʃiətiv] n. 시작, 주도(권) / 독창성, 진취적 기상(= motivation) a. 처음의, 시초의

She is to be praised for her *initiative* in resolving the copyright dispute. 그녀는 그 저작권 분쟁을 해결하는 데 주도적인 역할을 한 점에 대해 칭찬받아야 한다.

take the initiative 주도권을 잡다, 선수를 치다
on one's own initiative 자진해서, 자발적으로
initiate [iníʃièit] vt. 시작하다, 개시하다
initiation n. 시작, 개시, 착수 / 창업
initiatory [iníʃiətɔ̀ːri] a. 시작의, 최초의

initial [iníʃəl] a. 처음의, 최초의 / 머릿글자

The *initial* shock of her pregnancy has worn off.
그녀의 임신이 가져온 최초의 충격이 점차 사라져 갔다.
His *initials* are engraved on the plaque.
그의 이름의 머리글자가 액자에 새겨져 있다.

end up 결국 ~이 되다 / 끝나다, 마치다

I *ended up* staying home all night.
나는 결국 저녁 내내 집에 있었다.
If we don't do something now we're going to *end up* with nothing. 지금 어떤 조치를 취하지 않으면 아무 소득이 없게 될 것이다.

He who does most at once, does least.

22. When we introduced the plan, some people never quite understood it and weren't able to _______ to a new situation.
(A) adapt　　　　　　(B) adept
(C) adopt　　　　　　(D) adopter

adapt [ədǽpt] vt. 적응[순응]시키다 (= adjust)
　vi. (환경에) 적응하다, 익숙해지다
　　She has had to *adapt* to a hostile work environment. 그녀는 냉랭한 근무 분위기에 적응해야만 했다.
　adaptive power 적응력
　adaptation [ædəptéiʃn] n. 적응, 순응
　adaptive a. 적응하는, 적합한
　adapter n. 각색자/ (電) 어댑터, 연결 기구

adept [ədépt] a. 숙달된, 정통한 (= skillful, expert)
　n. 숙련자, 명인
　　Those kids have become *adept* at reading. 그 아이들은 읽기를 잘하게 되었다.

adopt [ədápt] vt. 채택하다, 받아들이다(= accept, employ) / (양자, 양녀로) 입양하다
　　After the revolution they *adopted* a more open policy towards the West. 혁명 후 그들은 서방에 대해 더 개방적인 정책을 취했다.
　　Few people are willing to *adopt* handicapped children. 신체장애아를 입양하려는 사람들은 별로 없다.
　adoption [ədápʃn] n. 채택, 채용/ 양자, 입양
　adoptive a. 채택의, 채용하는/ 입양의
　adopter n. 채택자/ 양부모(養父母)

 한 번에 가장 많은 일을 하는 사람이 가장 적은 일을 한다.

---

23. The company divided its service technicians into small teams with _______ for specific geographic areas.

(A) credit   (B) allowance

(C) responsibility   (D) account

---

credit [krédit] n. 신용(= credibility, trust) / 외상/ 칭찬, 영예(= honor) vt. 신용하다, 신뢰하다

> a letter of *credit* 신용장
>
> Keeping your *credit* good is important.
> 좋은 신용을 유지하는 일은 중요하다.

on credit 외상으로

allowance [əláuəns] n. 수당, 급여(= stipend, grant) / 허용, 허가(= permission)

> a maternity *allowance* 출산 보조금
>
> You're not *allowed* to use calculators in examinations. 시험을 볼 때는 계산기를 사용하는 것이 허용되지 않는다.

allow [əláu] vt. 허락[허가]하다 / 지급하다

responsibility [rispànsəbíləti] n. 책임, 의무 (= liability, obligation)

> He must take most of the *responsibility* for their failed marriage. 그는 그들의 실패로 끝난 결혼에 대해 거의 모든 책임을 져야 한다.

take the responsibility for ~ ~를 책임지다

responsible [rispánsəbəl] a. (for) 책임이 있는

divide ~ into ··· ~를 ···로 나누다[쪼개다]

> The report is *divided into* three sections.
> 그 보고서는 세 부분으로 나뉘어 있다.

> **24.** The individual work activities create value
> only when they are all put _______.
> (A) aside   (B) up with
> (C) out   (D) together

put aside 제쳐두다, 치우다 / 남겨두다, 비축하다

Could you please *put aside* your magazine for a minute? 잠깐 잡지를 내려놓아 주시겠습니까?

They have *put aside* some money in case of emergency. 그들은 긴급한 상황에 대비해 돈을 좀 남겨 놓았다.

put up with ~ ~를 참다, 견디다

I will not *put up with* your outbursts any longer. 당신이 화내는 것을 더 이상 참지 않겠습니다.

put out 불을 끄다 / 출판하다, 발표하다

Put out your cigarette. 담배불을 끄십시오

He *put out* a statement denouncing the commission's decision. 그는 위원회의 결정을 비난하는 성명을 발표했다.

put together 모으다, 조립하다, 합치다

This display was *put together* overnight. 이 전시물은 하룻밤 사이에 조립되었다.

individual [ìndəvídʒuəl] n. 개인, 사람 (= person)

  a. 개개의, 개인의, 낱낱의 (= personal)

She is a hardworking and dedicated *individual*. 그녀는 근면하고 헌신적인 사람이다.

individually ad. 개인적으로 / 직접
individualism n. 개인주의

 부지런한 사람에게는 일주일이 칠일의 오늘이지만 게으른 사람에게는 칠일의 내일이다.

25. The fundamental block of the corporation was the functional _________, a group of people all performing a common task.
(A) enterprise　　　(B) branch
(C) station　　　(D) department

enterprise [éntərpràiz] n. 기획, 모험(심) (= venture) / 기업, 회사 (= company)

large industrial *enterprise*　대규모 제조회사
a man of *enterprise* and ambition
모험심과 야망이 있는 사람

branch [bræntʃ] n. (나무) 가지 (= bough) / 지국, 지점, 출장소 (= a local office)

We have several *branches* in the metropolitan area.　우리는 도심에 몇 개의 지사를 두고 있다.

station [stéiʃən] n. (관청, 기관의) 서(署), 본부/ 위치, 장소/ 역, 정거장　vt. 배치하다

a power *station*　발전소
a broadcasting *station*　방송국
Sentries were *stationed* at all of the main exits.
모든 주요 출구에 보초가 배치되었다.

department [dipá:rtmənt] n. 부서, 부(部), 과(課), 국(局) (= division, section)

There are twenty-one professors in this *department*.　이 과에는 21명의 교수가 있다.
a *department* store　백화점
We have a *departmental* meeting tomorrow.
우리는 내일 부서 회의가 있다.
departmental　a. 부서의, 부문의

He who does not correct small faults, will not control great ones.

26. The people believe that the company's goal and objectives are theirs rather than something that was just ________ down.

(A) fallen   (B) turned

(C) brought   (D) handed

---

fall down 넘어지다, 쓰러지다 / 무너지다

I *fell down* the stairs. 나는 계단에서 넘어졌다.

That sign will *fall down* if you don't secure it better. 더 단단히 고정시키지 않으면 그 간판은 떨어질 것이다.

turn down 거절하다, 기각하다 / (소리, 불을) 작게하다

I was invited to be a foreman but I *turned* it *down*. 나는 현장 주임으로 일해 달라는 제의를 받았지만 거절했다.

Please *turn* the music *down*.
음악 소리를 줄여주세요.

bring down (정부, 통치자를) 물러나게 하다, 전복시키다 / 떨어뜨리다

A national strike would *bring* the government *down*. 전국적 파업은 정부를 전복시킬 것이다.

He *brought down* all of his opponents.
그는 그의 적을 모두 무찔렀다.

hand down (후세에) 남기다, 전하다

This antique has been *handed down* through my family. 이 골동품은 우리 집안 대대로 전해졌다.

 작은 잘못을 고치지 못하는 사람은 큰 잘못을 고치지 못한다.

> **27.** A ________ is someone who is responsible
> for achieving a result rather than performing
> a task.
> (A) profess   (B) profession
> (C) professor   (D) professional

profess [prəfés] vt. 밝히다, 공언하다, 고백하다
(= declare, affirm)

> She *professed* great relief at getting some rest.
> 그녀는 휴식을 취할 수 있게 되서 안심했다고 말했다.
>
> a *professed* love   공개된 사랑
>
> He has decided to pursue the legal *profession*.
> 그는 법조계에서 일하기로 결심했다.
>
> I have sought *professional* advice.
> 나는 전문가의 조언을 듣고 싶었다.
>
> They are all *professionals* at their jobs.
> 그들은 그들의 일에 있어서 모두 전문가이다.
>
> **professed** a. 공공연한 / 전문적인
> **profession** n. (지적인) 직업 / 공언, 고백
> **professional** a. 직업적인 n. 프로, 전문가
> **professor** n. (대학) 교수

perform [pərfɔ́ːrm] vt. 실행[수행]하다(= achieve,
accomplish) / 연기[연주]하다(= play)

> They have *performed* numerous successful
> transplants in the past year. 그들은 지난해에 여러
> 건의 이식수술을 성공시켰다.
>
> He *performed* a dance of native Samoa.
> 그는 사모아의 토속춤을 공연했다.
>
> **performance** [pərfɔ́ːrməns] n. 실행 / 연극, 연기
> **performer** n. 실행자 / 연기자, 연주가

*He that is master of himself will soon be master of
others.*

> **28.** Recent well-publicized fires have resulted in new _______ to building fire codes.
> (A) divisions　　　　　(B) provisions
> (C) arrangements　　　(D) distributions

division [divíʒən] n. 분할, 분배 (= detachment) / 부(部), 과(課) (= section, department)

The *division* of the world into developed and undeveloped nations is a gross simplification.
세계를 개발국과 비개발국으로 나누는 것은 지나친 단순화이다.

devisible [divízəbəl] a. 나눌 수 있는

provision [prəvíʒən] n. 준비 (= preparation) / 공급 식량/ 규정, 조항 (= condition)

The *provisions* of the agreement have yet to be ironed out. 그 합의서의 조항들은 아직 심의를 남겨두고 있다.

make provision for ~　~에 준비[대비]하다

arrangement [əréindʒmənt] n. 정리, 준비 (= organization) / 합의, 협정 (= agreement)

They've made all the *arrangements* for the conference. 그들이 회의에 필요한 모든 준비를 마쳤다.

come to an arrangement　합의에 이르다

distribution [dìstrəbjúːʃən] n. 배급, 분배 (= shipping, dissemination) / 배치, 분포

The *distribution* of food aid will be handled by UNICEF. 구호 식량의 분배는 유엔아동기금이 처리할 것이다.

distribute vt. 분배하다, 배포하다

 자신의 주인이 되는 사람은 곧 다른 이들의 주인이 될 것이다.

29. No possible set of orders and no library of guidelines could be ________ enough to cover every circumstance.
(A) specific   (B) compassionate
(C) comprehensive (D) transitional

specific [spisífik] a. 명확한, 구체적인 (= precise) / 특유의
The play is *specific* in time and place.
그 연극은 시간과 장소가 구체적이다.
specification [spèsəfikéiʃən] n. 세부 사항
specify [spésəfài] vt. 상세히 말하다, 열거하다

compassionate [kəmpǽʃənit] a. 인정이 많은
(= sympathetic, charitable)
He is a *compassionate* and giving man.
그는 인정이 많고 베푸는 사람이다.
compassion n. 동정심, 인정

comprehensive [kàmprihénsiv] a. 이해력이 있는/
포괄적인, 광범위한 (= extensive, inclusive)
I have compiled a *comprehensive* list of our
holdings. 나는 우리의 재산에 대한 포괄적인 목록을 만
들었다.
comprehend [kàmprihénd] vt. 이해하다 / 포함하다
comprehension n. 이해, 터득/ 포함, 함축

transitional [trænzíʃənəl] a. 변천하는, 과도기의
There will be a *transitional* period following
the take-over. 합병에 뒤이어 과도기가 올 것이다.
transition n. 변천, 변화/ 과도기
transit n. 통과, 이동 vt. 이동시키다, 통과하다

He who cannot command himself is not fit to command others.

> **30.** In traditional organizations, many idealistic, ambitious young people soon come to describe their jobs as _______ and boring.
> (A) reckless   (B) routine
> (C) amiable   (D) absorbing

reckless [réklis] a. 앞뒤를 가리지 않는 무모한 (= rash, careless, heedless)

He has *recklessly* disregarded the wishes of his superiors. 그는 상급자들의 희망을 무모하게도 무시했다.

recklessly ad. 무모하게, 경솔하게

routine [ruːtíːn] n. 정해진 일, 틀에 박힌 일

a. 기계적인, 틀에 박힌(= habitual)

The men began some *routine* banter about their wives. 그 남자들은 집사람에 대한 늘상 하는 농담을 시작했다.

amiable [éimiəbəl] a. 호감을 주는, 귀여운, 붙임성 있는 (= friendly)

amiable manner 호감이 가는 태도

They parted *amicably* and went their separate ways. 그들은 우호적으로 결별하고 각자의 길을 갔다.

amicable [ǽmikəbəl] a. 우호적인, 평화적인

absorbing [æbsɔ́ːrbiŋ] a. 흥미진진한, 열중하게 하는 (= fascinating, intriguing)

This novel is completely *absorbing* and witty. 이 소설은 아주 흥미롭고 재치가 있다.

absorb vt. 흡수하다, 빨아들이다

absorption [æbsɔ́ːrpʃən] n. 흡수 / 열중

 자신을 다스릴 수 없는 사람은 남을 다스릴 수 없다.

31. They are excited about the new compound for its ability to withstand temperature extremes and its _______ to chemicals.
(A) resistive　　　　(B) resistant
(C) resistance　　　(D) resistible

resist [rizíst] vt. 저항하다, 대항하다 (= withstand, oppose) / 견디다 (= endure)

I have *resisted* all attempts to change the plot or characters in my manuscript. 나는 내 원고에서 줄거리나 등장 인물을 바꾸려는 모든 시도에 반대했다.

water-*registant* lotion 방수 로션

passive *resistance* 소극적인 저항

resistant a. (to) 저항하는 / 견디는　n. 저항자, 레지스탕스
resistive a. 저항하는, 저항력이 있는
resistance n. (to) 저항, 반항
resistible a. 저항할 수 있는 / 참을 수 있는

compound [kəmpáund] vt. 합성하다, 혼합하다 (= mix) a. 합성의, 복합의 (= composite)　n. 합성물(질)

The bacteria fed initially on various carbon *compounds.* 그 미생물은 처음에 여러 가지 탄소 화합물에서 배양되었다.

withstand [wiðstǽnd] vt. 저항하다, 버티다, 견디다 (= oppose, resist)

The boots were designed to *withstand* the heat of the desert. 그 구두는 사막의 열기를 견딜 수 있도록 만들어졌다.

32. Over the years, non-value-adding work has
_______ to the point where it often
dominates the value-adding work.
(A) expanded　　　　(B) exposed
(C) exclaimed　　　　(D) exulted

expand [ikspǽnd] vi. 팽창하다, 커지다 (= increase, extend) vt. 확대하다, 넓히다

The city's population *expanded* 12 percent.
시의 인구가 12퍼센트 증가했다.

expansion [ikspǽnʃən] n. 팽창, 확대

expose [ikspóuz] vt. 노출시키다, 드러내다 (= disclose, uncover) / 폭로하다

The mouth opened to *expose* a great number of sharp teeth. 입이 열리고 여러 개의 날카로운 이빨이 드러났다.

exposed a. 노출된, 드러난, 공개된
exposition [èkspəzíʃən] n. 박람회 (= expo)
exposure [ikspóuʒər] n. 노출, 공개 / 폭로

exclaim [ikskléim] vi, vt. 외치다, 소리치다 (= shout, yell)

"Where did you take my son?", she *exclaimed*.
"내 아들을 어디로 데려갔어?"하고 그녀가 외쳤다.

exclaim against ～　～를 크게 비난하다
exclamation [èkskləméiʃən] n. 외침 / 감탄의 소리

exult [igzʌ́lt] vi. 기뻐날뛰다 / 의기양양해 하다

She both wept and *exulted* at his personal success. 그녀는 그의 개인적 성공에 기뻐하며 동시에 눈물을 흘렸다.

exultant [igzʌ́ltənt] a. 몹시 기뻐하는
exultation n. 환희, 감격

 아침의 한 시간은 저녁의 두 시간과 같다.

33. When a customer reports an outage, they check the equipment and lines, and, if necessary, ________ a repair person.
(A) surmise　　　(B) circulate
(C) dispatch　　　(D) undertake

surmise [sə*r*máiz] vt. 짐작[추측]하다
n. 짐작, 추측(= guess, infer)
I can only *surmise* that this happened last week.
지난주에 이 일이 있었다는 것만 짐작할 수 있다.
surmisable a. 짐작[추측]할 수 있는

circulate [sə́ːrkjəlèit] vt. 돌리다, 순환시키다 / 유포하다
vi. 돌다, 순환하다 (= circle)
I have *circulated* a copy of the photo to all the local papers. 나는 모든 지역 신문에 그 사진을 복사해 돌렸다.
circulation n. 순환, 유통

dispatch [dispǽtʃ] vt. 급파[파견]하다, 급송하다 / 급히 해치우다 n. 급파, 특파, 급송
The supervisor would *dispatch* a crew to repair the damage. 감독자는 손상된 것을 수리하기 위해 기술자들을 파견할 것이다.

undertake [ʌ̀ndərtéik] vt. (일, 책임을) 맡다, 떠맡다 (= assume) / 착수하다, 시작하다
Unwillingly, she *undertook* the assignment.
마지못해 그녀는 그 임무를 맡았다.
undertaking n. 사업 / (책임의) 인수

outage [áutidʒ] n. 정전, 정전에 의한 정지
a sudden *outage* 갑작스러운 정전

The last drop makes the cup run over.

> **34.** A well-placed publicity effort could help
> _______ the way for eventual increased sales
> of our software.
> (A) pave　　　　　　(B) excel
> (C) steer　　　　　　(D) direct

pave [peiv] vt. (길을) 포장하다, 닦다

Her research *paved* the way for the
breakthrough.　그녀의 연구는 그 획기적인 발견을 이끌
어냈다.

pave the way for[to] ～　～에의 길을 닦다, ～를 가능하
게 하다

pavement　n. 포장 도로

excel [iksél] vt. 능가하다 (= surpass)

vi. (at) 뛰어나다, 탁월하다

He *excels* at sports.　그는 스포츠에 뛰어나다.

excellent　a. 우수한, 뛰어난

excellence　n. 우수함, 탁월함

steer [stiər] vt. 키를 잡다, 조정하다 (= direct, navigate)
/ 향하다, 나아가다

They set off with no idea how to *steer* a boat.
그들은 보트를 어떻게 조정하는지도 모르고 시동을 걸었다.

steering　n. 조정, 조타

well-placed　a. 적당한 위치에 있는/ 적절한

publicity [pʌblísəti] n. 널리 알려짐, 명성/ 광고, 선전
(= advertising)

She has started a worldwide *publicity* tour for
the film.　그녀는 그 영화에 대한 전세계적인 홍보 여행에
나섰다.

 마지막 한 방울이 잔을 넘치게 한다.

35. When the fruit of one's labor is ________, the laborer feels intimately connected to it.
(A) visual   (B) visible
(C) visionary   (D) visional

---

vision [víʒən] n. 시각, 시력 (= sight) / 전망, 통찰, 환상
(= foresight, imagination)

She has 2.0/2.0 *vision* in both eyes.
그녀는 두 눈의 시력이 모두 2.0이다.

The flaws in the diamond are not *visible* to the naked eye. 그 다이아몬드에 있는 흠집은 육안으로는 보이지 않는다.

visual a. 시각의, 눈에 보이는
visible a. (눈에) 보이는 / 분명한, 뚜렷한
visionary a. 환상의, 환각의 (= visional)

intimate [íntəmit] a. 친밀한 (= familiar), 밀접한 / 자세한 vi. 암시하다 (= imply)

I wanted to establish more *intimate* contact with Chang. 나는 Chang과 보다 친밀히 교제하기를 원했다.

These two questions are *intimately* linked in practice. 이들 두 가지 질문은 실제로는 밀접히 관련되어 있다.

There is an *intimacy* between a mother and child that is special. 엄마와 아기 사이에는 특별한 친밀함이 있다.

intimately ad. 친밀히 / 직접적으로
be on intimate terms with ~ ~와 친하다
intimacy [íntəməsi] n. 친밀함, 절친함

An ounce of practice is worth a pound of precept.

> **36.** Some customers don't _______ about a
> company's image or management
> philosophies, but only see its products.
> (A) care   (B) mind
> (C) count   (D) upset

care about ~ ~에 관심을 갖다 / ~를 걱정하다

 We teased him because all he *cared about* was
 birds. 그는 새에만 관심이 있기 때문에 우리는 그를 놀렸다.

 I believe that he still *cares for* her.
 나는 그가 아직도 그녀를 좋아한다고 생각한다.

 care for ~ ~를 좋아하다 / ~에 관심을 갖다

 care to do ~하고 싶어하다

mind [maind] n. 정신, 마음

 vt. 주의를 기울이다 / 싫어하다, 꺼리다

 Do you *mind* if I ask you a favor?
 부탁을 드려도 괜찮겠습니까?

count [kaunt] vt. 세다, 계산하다

 vi. 중요하다 (= matter) / (on) 의지하다 (= depend)

 It's not the result that *counts* but rather the
 effort. 중요한 것은 결과가 아니라 노력이다.

 Can I *count* on your help?
 당신이 도와줄 거라고 믿어도 되겠습니까?

upset [ʌpsét] vt. 뒤집어엎다, 망치다 (= disturb)

 a. 뒤집힌, 혼란스런 / 탈이 난

 She was *upset* to learn that her application was
 denied. 그녀는 원서가 받아들여지지 않았다는 것을 알고
 충격을 받았다

 실제로 한 번 해보는 것이 열 번 배우는 것보다 낫다.

> **37.** The parts you wanted are out of stock at the moment, but we are happy to be able to offer possible _______ for that.
> (A) rewards   (B) substitutes
> (C) candidates   (D) earnings

reward [riwɔ́ːrd] n. 포상, 보수(= award, compensation) vt. 보답하다, 보수를 주다

There was rarely *reward* in our school.
우리 학교에서는 거의 상을 주지 않았다.

The experience has been a truly *rewarding* one.
그 경험은 정말 보람 있는 것이었다.

rewarding a. 대가가 있는, 보람이 있는

substitute [sʌ́bstitjùːt] vt. 대신하다, 대리하다, 대체하다 (= replace) n. 대리인, 대체물

We're going to have to *substitute* the metal clamps with plastic ones. 우리는 그 금속 걸쇠를 플라스틱으로 교체해야 할 것이다.

substitution n. 대체, 대리, 교환

candidate [kǽndədèit] n. 후보자, 지원자, 출마자 (= applicant, contestant)

If no *candidate* gets 50 percent or more, a second ballot must be held. 50퍼센트 이상을 득표한 후보가 없으면 2차 투표가 실시되어야 한다.

stock [stak] n. 주식, 증권 (= share) / 재고, 저장(물) (= inventory, store)

I'm afraid that we are completely out of *stock*.
죄송하지만 재고가 완전히 떨어졌습니다.

out of stock 재고가 떨어진, 물건이 떨어진

By writing you learn to write.

38. Claims adjusters can tell that policies are
indeed in _______ after inspection of
damaged cars.
(A) effort   (B) force
(C) action   (D) motion

in force 유효한, 적용이 되는/ 무리지어, 여럿이

The law is no longer *in force*.

그 법은 더 이상 유효하지 않다.

The protestors arrived at the courthouse *in
force*. 항의자들이 무리를 지어 법원에 당도했다.

in action 활동중인, 작전중인/ 작동중인

There are hundreds of soldiers still missing *in
action*. 작전중에 실종된 병사들이 아직도 수백명이 있다.

Would you like to see our assembly line *in
action*? 작동되고 있는 조립 설비를 보시겠습니까?

claim [kleim] vt. 요구[청구]하다/ 주장하다

  n. 요구, (보험금 등의) 청구(= demand)

  Numerous insurance *claims* were filed after the
  hurricane. 허리케인이 지나간 다음 수많은 보험금 지급
  이 청구되었다.

  a claim adjuster (보험) 손해사정인

policy [páləsi] n. 정책, 방책(= scheme) / 보험(증서)
(= insurance)

  I give you my word there is no change in our
  policy. 우리의 정책에는 변함이 없음을 약속합니다.

  Read all clauses in the *policy* before signing.

  서명하시기 전에 보험 증서의 모든 조항을 읽어보십시오.

 쓰기를 배우려면써야 한다.

37. A shared objective, a common focus on an outcome desired by all members of a team, inevitably _______ cooperation.
(A) promote　　　　(B) curtail
(C) segregate　　　(D) diminish

---

promote [prəmóut] vt. 승진시키다 / 촉진[장려]하다
(= boost, encourage)
The summit is being held in an effort to *promote* friendlier relations between nations. 두 나라 사이의 우호를 증진하기 위한 노력의 일환으로 정상 회담이 열리고 있다.
promotion n. 승진 / (판매) 촉진, 장려

curtail [kəːrtéil] vt. 줄이다, 삭감하다 (= reduce)
We are under pressure to *curtail* public expenditure. 우리는 공공지출을 줄이라는 압력을 받고 있다.

share [ʃɛər] vt. 나누다, 분배하다, 공유하다 (= divide)
n. 몫, 할당 (= allotment) / 주식
The children had *shared* the same bed for years. 그 아이들은 여러 해 동안 같은 침대를 썼다.
shared a. 나뉘어진 / 공유된, 공동의

inevitable [inévitəbəl] a. 피할 수 없는, 필연적인
(= unavoidable) n. 피할 수 없는 일
inevitable accident 불가항력, 천재지변
Great armaments lead *inevitably* to war. 강력한 군사력은 필연적으로 전쟁을 일으킨다.
inevitably ad. 불가피하게, 필연적으로, 반드시

Prevention is better than cure.

46. We have scheduled a one-hour planning meeting and would like your _______ to be present at the meeting.
(A) represent　　　　(B) representable
(C) representation　　(D) representative

represent [rèprizént] vt. 대표하다, 대리하다/ 나타내다, 그리다, 묘사하다 (= stand for)

My firm is *representing* the plaintiffs in a class action tobacco lawsuit. 담배 규제에 관한 집단 소송에서 우리 회사는 원고측을 대표하고 있다.

Golf courses are *represented* with a small, green flag. 작은 녹색 깃발이 골프 코스를 나타내고 있다.

A *representative* of our firm will visit your home in the next few days. 우리 회사의 대표자가 며칠 안으로 당신의 집을 방문할 것입니다.

representation n. 묘사, 설명/ 대표, 대리
representative a. 묘사하는/ 대표하는 n. 대표자
representable a. 묘사할 수 있는/ 대표할 수 있는

present [prézənt] a. 참석[출석]하고 있는 (= attending)
/ 현재의 n. 현재/ 선물

He had been *present* at the meeting.
그는 그 회의에 참석했었다.

presence [prézəns] n. 출석, 참석, 존재

present [prizént] vt. 제출하다, 제안하다, 소개하다
(= introduce) / 선물[증정]하다

He is going to *present* the rebuttal.
그는 반박문을 낼 것이다.

 예방이 치료보다 낫다.

41. The engineer working on product development must understand everything _______ with developing a product.
(A) negligible   (B) courteous
(C) plentiful   (D) associated

negligible [néglidʒəbəl] a. 무시할수 있는, 하찮은 사소한 (= insignificant)

> She has started to *neglect* her studies.
> 그녀는 공부를 소홀히 하기 시작했다.

neglect [niglékt] vt. 무시하다, 게을리하다
negligence [néglidʒəns] n. 태만, 부주의

courteous [kə́ːrtiəs] a. 예의바른, 정중한 (= polite)

> You are expected to offer *courteous* service at all times. 항상 정중한 서비스를 제공해야합니다.

courtesy [kə́ːrtəsi] n. 예의, 정중함

plentiful [pléntifəl] a. 풍부한, 많은 (= abundant)

> There is a *plenty* of organizations associated with the Red Cross. 적십자와 관련된 수많은 기관들이 있다.

plenty [plénti] n. 많음, 풍부
plenty of ~ 많은 ~, 충분한 ~

associated [əsóuʃièitid] a. (with) 관련된, 연결된 (= linked, mixed) / 연합의

> Zuse worked on engineering problems *associated* with aircraft design. Zuse는 비행기 설계와 관련된 공학적인 문제를 다루었다.

associate vt. 연합시키다, 결합시키다
association n. 연합, 결합 / 협회, 조합

> **42.** Too many regulations _______ workers of the authority and the perspective to use their own initiative.
>   (A) grant   (B) abolish
>   (C) deprive   (D) dismiss

grant [grænt] vt. 승인하다/ 수여하다(= award)
  n. 허가/ 보조금, 장학금(= stipend)

He received a *grant* to continue his graduate research. 그는 대학원에서 연구를 계속할 수 있는 장학금을 받았다.

take ~ for granted ~를 당연히 생각하다

abolish [əbáliʃ] vt. (제도 등을) 폐지하다(= invalidate)

Slavery was *abolished* in the middle of the nineteenth century. 19세기 중반에 노예제도가 폐지되었다.

abolition [æbəlíʃən] n. 폐지, 철폐

deprive [dipráiv] vt. (of) 빼앗다, 박탈하다

I'll have to *deprive* you of your privileges. 당신이 갖고 있는 특권을 박탈해야겠습니다.

deprive ~ of … ~에게서 …를 빼앗다
deprivation n. 강탈, 탈취 (= deprival)
deprived a. 가난한, 불우한

dismiss [dismís] vt. 해고[면직]시키다, 내쫓다 (= fire, expel) / 무시해버리다

An individual cannot be *dismissed* for membership of a union. 노조에 가입했다고 해고시킬 수는 없다.

dismissal [dismísəl] n. 해고, 추방

  비가 내린다고 해서 물통을 버리지 마라.

43. Putting excessive amounts of alcohol into your body results in the loss of your ability to ________ wise action.

(A) hold   (B) make
(C) take   (D) assume

take action 행동하다 / 조치를 취하다, 시작하다

The government is already *taking action* to stop the strike. 정부는 이미 파업을 중지시키기 위한 조치를 취하고 있다.

put into 넣다, 삽입하다 / (노력 등을) 투입하다

She *put* all her energy *into* tidying the place up. 그녀는 모든 힘을 다해 그곳을 정돈했다.

excessive [iksésiv] a. 과대한, 지나친 (= immoderate, extravagant)

Their profit can only be described as *excessive*. 그들의 수입은 지나치다고밖에 할 수 없다.

She has earned in *excess* of $60,000 this year. 그녀는 올해 6만불 넘게 벌었다.

excess n. 과잉, 초과 a. 과잉의, 초과의
in excess of ~ ~를 초과해, ~보다 많이

result [rizʌ́lt] n. 결과, 성과 (= outcome, consequence) vi. 생기다 / 끝나다

Reduced chemical emissions may *result in* decreased levels of acid rain. 화학물질의 방출이 줄어들면 결국 산성비가 감소할 것이다.

result in ~ 결국 ~이 되다
result from ~ ~에서 비롯되다

All things are difficult before they are easy.

44. Most engineering graduates hired by traditional companies spend much of their days ________ out forms and attending meetings.
(A) filling (B) drafting
(C) devising (D) composing

fill [fil] vt. 채우다 (= supply) / 충족시키다
She's *filled* out the death certificate.
그녀는 사망 진단서를 작성했다.
fill out (문서를) 작성하다, 빈칸을 채우다
fill in 채워넣다, (문서를) 작성하다

draft [dræft] vt. (설계도 등을) 그리다 / 선발하다
n. 설계도, 초안 / 선발, 모집
I was *drafted* after high school.
나는 고등학교 졸업 후 징집되었다.
draftsman [dræftsmən] n. 설계사, 제도사

devise [diváiz] vt. 고안하다, 발명하다 (= invent)
I need you to *devise* a plan that will guarantee me a seat in the upcoming election.
다가오는 선거에서 제가 의원직에 확실히 당선될 수 있는 계획을 당신이 세워주셔야겠습니다.
device [diváis] n. 장치, 설비, 도구 / 고안

compose [kəmpóuz] vt. 조립하다, 구성하다 (= devise, create) / 작곡[작문]하다
She *composed* her first sonata at the age of eight. 그녀는 8살에 그녀의 첫 소나타를 작곡했다.
composer n. 작곡가, 작가 / 구성자
composite [kəmpázit] a. 합성의, 혼합된
composition n. 구성, 조립 / 작문, 작곡

  모든 일이 쉬워지기 전에는 어렵다.

45. There is an enormous gap between intellectually understanding an idea and really _______ what it means.
(A) assenting　　　　(B) advocating
(C) appreciating　　　(D) stimulating

assent [əsént] vi. 동의[찬성]하다 (= approve of)
n. 동의, 찬성

The senators gave their overwhelming *assent* to the bill. 상원은 그 법안을 압도적으로 지지했다.
give one's assent to ~　~에 찬성하다

advocate [ǽdvəkit] n. 옹호자 (= depender) / 주창자
vt. 옹호하다 (= support) / 주장하다

an *advocate* of peace 평화론자

appreciate [əprí:ʃièit] vt. 이해하다, 음미하다
(= recognize) / 고맙게 여기다 (= thank)

I'd *appreciate* any assistance you can lend with this matter. 이 문제와 관련해 도움을 주실 수 있다면 어떠한 것이라도 고맙겠습니다.
appreciation [əprì:ʃiéiʃən] n. 이해 / 감사

stimulate [stímjəlèit] vt. 자극[격려]하다 (= inspire, arouse)

Another perspective might *stimulate* your train of thought. 또 다른 관점이 당신의 사고 훈련에 도움을 줄 수 있습니다.
stimulation n. 자극, 격려
stimulus [stímjələs] n. 자극제, 흥분제 (pl. stimuli [stímjəlài])

The best things come in small packages.

> **46.** Workers _______ performing jobs that demand autonomy, responsibility, and decision making do not need supervision.
> (A) capable of   (B) inept at
> (C) impatient of   (D) anxious about

capable [kéipəbəl] a. (of) 할 수 있는, 능력이 있는 (= able, competent)

> The poison was *capable* of causing death within a few minutes. 그 독은 몇 분 안에 사람을 죽일 수 있었다.

capability [kèipəbíləti] n. 능력, 가능성

inept [inépt] a. (at) 서툰, 미숙한, 어리석은 (= clumsy, awkward)

> The government is *inept* at handling crisis. 정부는 위기 관리 능력이 부족하다.

ineptness [inéptnis] n. 미숙함 (= ineptitude)

impatient [impéiʃənt] a. (of) 못 참는, 못 견디는 (= intolerant) / 성급한, 조급한 (= hasty)

> She was *impatient* of anyone who failed to keep up with her. 그녀는 그녀를 따라오지 못하는 사람을 참지 못했다.

impatience [impéiʃəns] n. 성급함, 조급함

anxious [æŋkʃəs] a. (about) 걱정하는, 우려하는 (= concerned) / (for) 열망하는 (= eager)

> I am *anxious* about my exams.
> 나는 시험이 걱정된다.
> You seem *anxious* to depart.
> 그녀는 출발하고 싶어하는 것 같다.

anxiety [æŋzáiəti] n. 걱정, 염려 / 열망

 가장 좋은 것은 작은 상자에 들어 있다.

47. If you don't keep yourself up to date, you will find yourself falling _______ .
(A) back　　　　　　(B) down
(C) over　　　　　　(D) behind

fall back　후퇴하다, 뒷걸음질치다 (= retreat)
I watched him *fall back* in horror.
나는 그가 두려워 뒷걸음질치는 것을 봤다.

fall down　쓰러지다, 넘어지다 / 무너지다
The treehouse will *fall down* if this storm continues.　이 폭풍이 계속되면 그 나무집은 무너질 것이다.

fall over　벌렁 나자빠지다
The easel *fell over* with the painting still on it.
그림 받침대가 그림이 올려져 있는 채로 나자빠졌다.

fall behind　뒤지다, 뒤떨어지다 / 늦어지다, 지연되다
He has *fallen* far *behind* in his reading comprehension skills as a result of his dyslexia.　그는 실독증(失讀症)의 결과 읽고 이해하는 능력이 뒤떨어졌다.
The program had *fallen* so far *behind* that there was little chance of meeting the dealine.
그 프로그램은 너무 지연돼 일정을 맞출 수 있는 가능성이 거의 없었다.

keep up to date　최신 기술, 유행 등을 받아들이다 〔따라 가다〕
I try to *keep* myself *up to date* on all of the latest fashion trends.　나는 모든 최신 유행의 흐름에 뒤쳐지지 않으려고 노력한다.

Little sticks kindle the fire; great ones put it out.

48. Routine activities are becoming an ever smaller _______ of modern jobs because they can be eliminated or automated.
  (A) compose   (B) composite
  (C) component   (D) composition

compose [kəmpóuz] vt. 조립하다, 구성하다(= devise, create) / 작곡[작문]하다
  He *composed* his last opera while in Vienna.
  그는 Vienna에 머무는 동안 그의 마지막 오페라를 만들었다.
  composer n. 작곡가, 작가 / 구성자
  composite [kəmpázit] a. 합성의, 혼합된
  composition n. 구성, 조립 / 작문, 작곡

component [kəmpóunənt] a. 구성하고 있는
  (= constituent) n. 구성 성분(= element)
  People are the basic *components* of all
  organizations. 사람은 모든 조직의 기본 구성 요소이다.

eliminate [ilímənèit] vt. (from) 제거하다, 몰아내다
  (= abolish, evaculate) / 무시하다
  It is not safe to *eliminate* all fat from the diet.
  식단에서 지방을 모두 없애는 것은 위험하다.
  elimination n. 제거, 소거
  eliminative a. 제거할 수 있는

automate [ɔ́ːtəmèit] vt. 자동화하다
  automatic teller machine(ATM) 현금 자동 입출기
  automated a. 자동화된
  automatic a. 자동의, 기계적인
  automation n. 자동화, 자동 조작[제어]

 작은 장작은 불을 살리지만 큰 장작은 불을 꺼지게 한다.

49. The service representative must be prepared to answer a predictable set of customer ________ .

   (A) disorders   (B) discords
   (C) inquiries   (D) adversities

disorder [disɔ́:rdər] n. 혼란(= uproar, confusion) / 이상 vt. 혼란시키다, 어지럽히다

a specialist in various forms of mental *disorder*
여러 가지 형태의 정신이상에 대한 전문가

disorderly a. 무질서한, 난잡한

discord [dískɔ:rd] n. 불일치, 불화(= conflict, disagreement) vi. 일치하지 않다

The negotiations involve a certain amount of *discord*. 협상에는 어느 정도의 불일치가 있기 마련이다.

discordant a. 일치하지 않는
discordance n. 불일치, 부조화

inquire [inkwáiər] vt. 묻다, 문의하다/ 조사하다 (= investigate, inspect)

I'll make some *inquirie*s as to her whereabouts.
나는 그녀의 소재에 대한 몇 가지 질문들을 할 것이다.

inquire after ~   ~의 안부를[소식을] 묻다
inquiry [inkwáiəri] n. 문의, 질문/ 조사
inquiring a. 묻는, 조회하는 / 의심하는

adversity [ædvə́:rsəti] n. 불행, 역경(= misfortune)

The medicine had an *adverse* effect on her blood pressure. 그 약은 그녀의 혈압에 부작용을 갖고 있었다.

adverse [ædvə́:rs] a. 반대의, 거스르는/ 불행한

> **5ᐃ.** The self-motivated do their work correctly
> not because someone is watching but
> because it ________ to them.
> (A) yearns   (B) matters
> (C) resolves   (D) accounts

yearn [jəːrn] vi. (for) 동경하다, 갈망하다, 그리워하다
(= long, crave)
> We *yearn* for truth. 우리는 진실을 원한다.
> She *yearned* to go back to the south.
> 그녀는 남쪽으로 돌아가고 싶어했다.

yearning n. 동경, 갈망 a. 동경하는

matter [mǽtər] vi. 중요하다, 상관이 있다 (= count)
n. 문제, 주제 (= affair) / 물질
> Your happiness is the only thing that *matters.*
> 오로지 중요한 것은 당신의 행복입니다.

as a matter of fact 사실상, 실은

resolve [rizálv] vt. 용해하다 / 분석하다 / (문제를) 해결
하다 / 결심하다 (= determine)
> She *resolved* to pay all her debts.
> 그녀는 모든 빚을 갚기로 결심했다.

resolution n. 결심, 결의 / 해결 / 용해

motivate [móutəvèit] vt. 동기를 주다, 자극하다,
유도하다 (= inspire, stimulate)
> We must *motivate* students so that they want to
> learn. 학생들이 배우고 싶어하도록 동기를 주어야 한다.

motivation n. 자극, 동기, 의욕
motive n. 동기, 동인 / 주제

  잦은 푼돈이 지갑을 채운다.

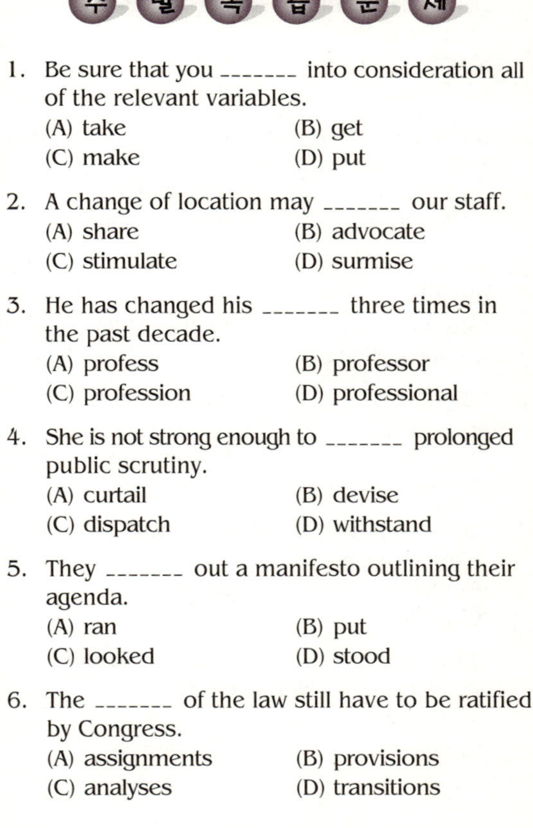

주 말 복 습 문 제

1. Be sure that you _______ into consideration all
   of the relevant variables.
   (A) take   (B) get
   (C) make   (D) put

2. A change of location may _______ our staff.
   (A) share   (B) advocate
   (C) stimulate   (D) surmise

3. He has changed his _______ three times in
   the past decade.
   (A) profess   (B) professor
   (C) profession   (D) professional

4. She is not strong enough to _______ prolonged
   public scrutiny.
   (A) curtail   (B) devise
   (C) dispatch   (D) withstand

5. They _______ out a manifesto outlining their
   agenda.
   (A) ran   (B) put
   (C) looked   (D) stood

6. The _______ of the law still have to be ratified
   by Congress.
   (A) assignments   (B) provisions
   (C) analyses   (D) transitions

7. It is unfortunate that we have _______ so far behind as we may lose the contract to another bidder.
   (A) set　　　　　　　　　(B) left
   (C) fallen　　　　　　　(D) looked

8. Some people may experience _______ effects after taking the tablets.
   (A) adverse　　　　　　(B) disorderly
   (C) irritating　　　　　(D) absorbing

9. The test will help us to screen the _______ for the job.
   (A) apply　　　　　　　(B) applicants
   (C) applications　　　(D) appliances

10. You have to _______ various opinions into account.
    (A) bring　　　　　　　(B) take
    (C) call　　　　　　　(D) hold

11. Put _______ part of each paycheck for your retirement savings.
    (A) off　　　　　　　　(B) out
    (C) aside　　　　　　(D) up with

12. They plan to _______ the forgery for the original painting during the hassle.
    (A) approve　　　　　(B) substitute
    (C) deliver　　　　　(D) suppress

13. It is my job to introduce and ________ our products in various overseas markets.
    (A) abolish   (B) promote
    (B) assent   (D) censure

14. This incident may result ________ a loss of consumer confidence in our merchandise.
    (A) in   (B) of
    (C) for   (D) with

15. If I don't unload this stock I'm going to ________ up with a huge surplus.
    (A) end   (B) put
    (C) come   (D) keep

2nd Week

51. While it is very good to get rid of unnecessary titles, we can't _______ them as totally unimportant.
(A) oblige (B) neglect
(C) exempt (D) compel

oblige [əbláidʒ] vt. 강요하다, 의무를 지우다 (= compel, coerce) / 은혜를 베풀다

You're not *obliged* to attend. 당신에게는 참석할 의무가 없습니다.

obligation [àbləgéiʃən] n. 의무, 책임 / 은혜

neglect [niglékt] vt. 게을리하다, 무시하다 (= disregard, ignore) n. 무시, 소홀

I've been *neglecting* my household chores.
나는 집안 일을 소홀히 해왔다.

negligence [néglidʒəns] n. 태만, 무관심

exempt [igzémpt] vt. 면제하다 / 면역성을 주다 (= excuse) a. 면제된, 면세의 n. 면제자

Harold was *exempted* from military service.
Harold는 군복무를 면제받았다.

exemption n. 면제, 공제

compel [kəmpél] vt. 강제하다, 억지로 시키다

Indians were *compelled* to work in the mines.
인디언은 강제로 광산에서 일하게 되었다.

compelling a. 강제적인, 강압적인

get rid of ~ ~를 제거하다, ~를 없애다

I *got rid of* my old laptop and bought a brand new one. 나는 오래된 랩탑 컴퓨터를 팔고 새것을 장만했다.

Man learns little from success, but much from failure.

52. Personal attributes, which define an individual's character are just as important as ________ in rating applicants.
(A) intelligent　　　　(B) intelligence
(C) intellectual　　　　(D) intelligible

intelligent [intélədʒənt] a. 지적인, 지능이 있는 영리한 (= bright, brilliant)

　intelligent robot　지능 로봇

　intelligence quotient (IQ)　지능 지수

intelligence　n. 지능, 이해력 / 정보, 첩보

intelligible　a. 이해할 수 있는, 알기 쉬운

attribute [ətríbjuːt] vt. ~의 탓으로 돌리다, 원인으로 말하다 (= ascribe) n. 속성, 특성

The drop in temperature was *attributed* to a massive cold front.　기온의 하락으로 인해 대규모 한랭 전선이 만들어졌다.

She possesses all of the *attributes* of a Chief Executive Officer.　그녀는 최고경영자의 모든 자질을 갖고 있다.

character [kǽriktər] n. 특성, 특질 (= trait) / 인물/ 성격, 인격 (= personality)

There was another side to his *character*.
그는 다른 성격도 갖고 있었다.

Flexibility is an important *characteristic* of a good manager.　융통성은 훌륭한 관리자의 중요한 특성이다.

characteristic [kǽriktərístik] a. 특징적인 n. 특징

characterize [kǽriktəràiz] vt. 특징짓다

 사람은 성공에서보다 실패에서 많은 것을 배운다.

53. The distributor cannot resell the products at prices in ________ of maximum discounts recommended by the head office.

(A) spare　　　　　(B) excess
(C) surplus　　　　(D) refund

spare [spɛər] vt. 아끼다 / 빌려주다　a. 여분의, 남은
n. 여분, 예비품(= surplus)

I can *spare* a minute or two.
일이 분 정도는 시간을 낼 수 있다.

a *spare* tire　비상용(스페어) 타이어

sparing　a. 아끼는, 검소한

excess [iksés] n. 과잉, 초과(= surplus) a. 과잉의, 초과의
(= extra, superfluous)

Inflation results from an *excess* of demand over supply.　물가 상승은 수요가 공급을 초과해 생긴다.

We have lost in *excess* of three million dollars this quarter.　우리는 이번 분기에 300만불이 넘는 적자를 봤다.

in excess of ~　~를 초과해, ~보다 많이

excessive　a. 과대한, 지나친(= immoderate)

surplus [sə́:rplʌs] n. 나머지, 과잉(= remainder, residue) a. 남은, 과잉의

a time of overall labor *surplus*
노동력이 남아도는 시대

refund [rí:fʌnd] vt, vi. 반환하다, 상환하다(= repay, reimburse) n. 반환, 상환

Would you prefer a *refund* or an exchange?
환불을 원하십니까, 교환을 원하십니까?

An inch of gold will not buy an inch of time.

> **54.** _______ in any profession has three prerequisites; knowledge, insight, and perseverance.
> (A) Success   (B) Succeed
> (C) Succession   (D) Successive

succeed [səksíːd] vi. (in) 성공하다 (= prosper) / 계속 되다/ 상속[계승]하다 (= follow)

We have had four *successive* years of record-breaking profit. 우리는 4년 연속 기록적인 순이익을 올렸다.

success [səksés] n. (in) 성공, 출세
successful a. 성공한, 번창하는
succession n. 계속, 연속 / 상속, 계승
successor n. 상속자, 후계자
successive a. 잇따른, 계속되는 (= succeeding)

requisite [rékwəzìt] a. 필요한, 필수의 n. 필수품, 필요조건 (= essential)

There is a *prerequisite* condition of the deal going through. 협상을 진행시키기 위한 전제 조건이 있다.

requisition n. 요구, 청구, 필요 조건
prerequisite n, a. 선행 조건(의), 전제 조건(의)

persevere [pə̀ːrsəvíər] vi. (with) 참다, 견디다 (= endure, persist)

You must *persevere* and face the challenges head on. 당신은 그 어려움을 인내하고 정면으로 맞서야 합니다.

perseverance n. 인내, 참을성

 한 치의 금으로 한 치의 시간을 살 수 없다.

55. It is better to _______ a mistake to someone's attention than to let them keep on making the same mistake.
(A) pay   (B) draw
(C) bring   (D) extract

bring ~ to one's attention   ~를 …의 눈에 띄게 하다, …의 관심을 ~에 돌리다

I feel it is my duty to *bring* the following facts *to your attention*. 당신에게 다음과 같은 점들을 알려드리는 게 제 의무인 것 같습니다.

draw[attract] one's attention to ~

~에 관심을 갖게 하다

He *drew* the *media's attention to* the plight of the homeless. 그는 대중 매체가 무주택자의 어려움에 관심을 갖도록 만들었다.

pay attention (to ~) (~에) 관심을 기울이다

I never *paid* any *attention to* them.
나는 그들에게 관심을 가진 적이 없다.

attention [əténʃən] n. 주의, 관심, 주목(= regard, concern) / (군대의 구령) 차려

She turned her *attention* to the task at hand.
그녀는 당장 처리해야 할 과제에 관심을 기울였다.
attentive a. 주의 깊은, 세심한, 경청하는

extract [ikstrǽkt] vt. 뽑아내다, 추출하다(= pluck, derive) / 발췌하다, 인용하다

I had my wisdom teeth *extracted* last year.
나는 작년에 사랑니를 뽑았다.
extraction n. 뽑음, 추출 / 인용구

Lose an hour in the morning and you'll be all day hunting for it.

56. Most passengers are asked to voluntarily declare any goods that should be ________ to duties.

(A) expected   (B) subject
(C) supposed   (D) conditional

subject [sʌ́bdʒikt] vt. 복종시키다 a. 지배를 받는, 복종하는 n. 주제, 주어 / 과목

All cargo will be *subject* to duties.
모든 화물은 관세를 물어야 한다.
The river is the *subject* of his latest painting.
그 강은 그가 최근에 그린 그림의 소제이다.
subject to ~   ~의 의무가 있는 / ~하기쉬운
subjective a. 주관적인

suppose [səpóuz] vt. 가정하다, 상상하다, 추측하다
(= assume, presume)

We are *supposed* to report any suspicious activity. 우리는 의심스러운 움직임이 있으면 모두 신고 해야 한다.
Supposing I can't get here in time, how are you going to manage by yourself? 제가 시간에 맞춰 도 착하지 못한다면 당신 혼자 어떻게 대처하시겠습니까?
be supposed to do   ~해야한다 (기대, 필요)
Suppose[Supposing] (that) ~   만일 ~라면

declare [diklέər] vt. 선언[발표]하다 (= announce) /
(세금등을) 신고하다 (= report)

The government *declared* a state of emergency.
정부는 비상사태를 선포했다.
declaration [dèkləréiʃən] n. 선언, 발표 / 신고

 아침에 한 시간을 허비하면 하루 종일 그것을 보충해야할 것이다.

57. Organizations reward people in a way that
_______ the kinds of behavior that the
organization desires.
   (A) withholds   (B) intervenes
   (C) speculates   (D) encourages

withhold [wìðhóuld] vt. 주지 않다/ 억제하다
(= suppress) / (세금 등을) 원천 징수하다
  I decided to *withhold* the information till later.
  나는 시간이 지날 때까지 그 정보를 공개하지 않기로 결정했다.

intervene [ìntərvíːn] vt. 끼여들다(= intercede) /
방해하다(= interrupt) / 중재하다
  Can I just *intervene* for one moment?
  잠깐 (이야기에) 끼여들어도 되겠습니까?
  intervention [ìntərvénʃən] n. 방해, 간섭 / 중재

speculate [spékjəlèit] vi. (on, about) 숙고하다, 사색
하다(= meditate)
  It is natural for us to *speculate* about the
  reasons for their visits. 우리가 그들이 방문한 이유를
  생각해 보는 것은 당연하다.
  speculation n. 숙고, 사색 / 투기
  speculative a. 사색적인, 명상적인 / 투기적인

encourage [enkə́ːridʒ] vt 용기를 주다, 격려하다, 고무
하다(= promote, stimulate)
  I have been *encouraged* by the successes of
  those around me. 나는 내 주변에 있는 사람들의 성공
  에 힘을 얻었다.
  encouragement n. 격려, 고무
  encouraging a. 격려가 되는, 자극을 주는

The wind in one's face makes one wise.

> **5숍.** A project director is not an expert in a particular aspect of a process, but an expert in the process ________.
> (A) at most　　　　(B) above all
> (C) to the full　　　(D) as a whole

at (the) most 많아도, 기껏해야, 고작

They'll allow you thirty or forty minutes *at most*. 그들은 당신에게 고작해야 30, 40분 정도를 줄 겁니다.

above all 다른 무엇보다도

Her parents stressed truth and integrity *above all*. 그녀의 부모는 무엇보다도 진실함과 성실성을 강조했다.

to the full 최대한으로

I have tried to capitalize on my assets *to the full*. 나는 나의 재능을 최대한 활용하려고 노력했다.

as a whole 전반적인, 총체적으로

Is this true just in the US, or in the world *as a whole*? 이는 미국에서만 그런 겁니까, 아니면 전세계적으로 그런 겁니까?

process [práses] n. 진행 과정/ 공정, 순서(= operation, procedure)

The best solution can be found by a *process* of trial and error. 가장 훌륭한 답은 도전과 실패의 과정에 의해 찾을 수 있다.

proceed [prousí:d] vi. 진행하다, 나아가다
proceeding n. 진행, 절차
procedure [prəsí:dʒər] n. 순서, 절차, 과정
procession [prəséʃən] n. 행진, 행렬, 진행

 얼굴에 부는 바람이 사람을 현명하게 한다(사람은 고난을 통해 현명해진다).

59. Whether working alone or as a member of a team, the professional's _______ is to achieve an objective.

(A) mission   (B) proposal
(C) precaution   (D) originality

mission [míʃ ən] n. 임무, 직무(= assignment) / 파견/ 선교 vt. 파견하다/ 선교하다

He has repeatedly been on confidential *missions*.
그는 계속 비밀 임무를 받았다.

missionary   a. 전도(자)의 n. 선교사

proposal [prəpóuzəl] n. 신청, 제안 (= offer, suggestion) / 계획

This *proposal* sacrifices vital wetlands for the sake of urban development. 이 제안은 도시 개발을 위해 생태계에 꼭 필요한 습지를 희생시키는 것이다.

make a proposal   청혼하다
propose   vt. 제안하다, 건의하다/ 청혼하다

precaution [prikɔ́ːʃ ən] n. 경계, 조심 (= anticipation) / 예방(책) (= providence)

I had taken the *precaution* of swallowing two sea sickness tablets. 나는 뱃멀미약 두 알을 먹는 예방책을 썼다.

precautious   a. 조심하는, 주의 깊은

originality [ərìdʒ ənǽ ləti] n. 독창성 (= ingenuity) / 기발함, 참신함 (= novelty)

They will restore the house to its *original* state. 그들은 그 집을 본래의 상태로 복원할 것이다.

original   a. 최초의, 고유의/ 독창적인
origin   n. 기원, 발단, 원천 / 가문, 혈통

He is not wise, who is not wise for himself.

> **66.** It is for the customer service manager to find and formulate the best way of resolving customer ________ .
> (A) defects
> (B) deficits
> (C) limitations
> (D) complaints

defect [difékt] n. 결점, 단점, 부실 (= blemish, flaw) / 부족 vi. 도망하다, 피하다

There were numerous *defects* in the crystal we received. 우리가 받은 크리스털에는 셀 수 없이 많은 흠집이 있었다.

defective a. 결함이[장애가] 있는 n. 불량품

deficit [défəsit] n. 부족, 결손, 적자(= shortage)

The President has managed to reduce the budget *deficit*. 대통령은 재정 적자를 줄이는 데 성공했다.

deficient [difíʃənt] a. 모자라는, 적자의 / 멍청한
deficiency n. 부족, 결핍 / 결함

limitation [lìmətéiʃən] n. 제한, 한정 (= restriction, boundary) / 한도, 한계

I am willing to accept certain *limitations* on my freedom. 나는 일정 정도 자유가 제한되는 것을 받아들일 수 있다.

without limitation 제한 없이
limit n. 한계, 범위 vt. 제한[한정]하다

complaint [kəmpléint] n. 불평, 불만(= protest, grievance) / (法) 고소

Our main *complaint* is the lack of child-care facilities. 우리의 주된 불만은 육아 시설이 부족하다는 것이다.

complain vt. 불평하다, 호소하다 / 고소하다

 스스로에게 현명하지 못한 사람은 현명하지 않다.

61. All plants carried in by passengers coming from a foreign country must be declared to plant _______ officials.
  (A) deposit   (B) immigration
  (C) execution   (D) quarantine

deposit [dipázit] vt. (아래에) 놓다/ 예금하다(= save)
n. 예금, 보증금/ 창고/ 퇴적물
> When you have paid all your bills, *deposit* the rest of your paycheck in your savings account.
> 청구서를 모두 지불하면 나머지 급료는 예금 계좌에 넣으시오.

immigration [ìməgréiʃən] n. 이주/ 입국, 입국심사
/ 이민자
> Refugee *immigration* quotas will be increased next year. 내년엔 난민 이민의 허용이 증가할 것이다.

immigrate vt, vi. 이주하다, 이주시키다
immigrant a. 이주[이민]하는 n. 이주자, 이민

execution [èksikjú:ʃən] n. 실행, 실시, 집행
(= enactment) / 사형의 집행, 처형
> Please ensure that you *execute* my orders as soon as you receive them. 제 지시를 접수하는 즉시 반드시 실행토록 하십시오.

execute [éksikjù:t] vt. 실행하다, 집행하다
executive [igzékjətiv] a. 실행의 n. 경영진, 간부

quarantine [kwɔ́:rəntì:n] n. 격리, 차단/ 검역(소)
vt. 격리하다(= isolate) / 검역하다
> My dog was kept in *quarantine* for six months when we moved overseas. 우리가 외국에 나갔을 때 내 개는 6개월간 검역소에 갇혀 있었다.

62. Eliminating unproductive activities leads to a small improvement but is not sufficient to keep a company ________ .
(A) compete   (B) competent
(C) competence   (D) competitive

compete [kəmpíːt] vi. (with, against) 겨루다, 맞서다
(= contend, contest)

The insurance agents *competed* fervently for the honor of being Salesman of the Year.
보험 모집인들은 올해의 판매왕이 되는 영예를 얻기 위해 뜨거운 경쟁을 벌였다.

It is imperative that we hire the most *competent* applicant for the job. 그 일을 가장 잘할 수 있는 지원자를 채용해야 한다는 점은 당연하다.

After her defeat she lost her *competitive* edge. 지고 난 다음 그녀는 승부욕을 잃었다.

compete with ~ for … ~와 …를 놓고 겨루다
competent [kámpətənt] a. 적임의, 유능한, 적당한
competence n. 적성, 자격, 능력
competitive [kəmpétətiv] a. 경쟁할 수 있는, 경쟁의 / 경쟁력이 있는, 비싸지 않은
competition [kàmpətíʃən] n. 경쟁, 시합

unproductive [ʌnprədʌ́ktiv] a. 비생산적인
Since re-tooling the assembly line the factory has been more *productive*. 조립 설비를 재정비한 이후 그 공장은 보다 생산적이 되었다.
productive a. 생산적인 (= fruitful) / 풍요한
production n. 생산, 산출 / 제작
product n. 생산물 / 결과
produce vt. 생산하다, 제작하다 / 연출하다

 현명한 사람은 자신이 가질 수 없는 것에 대해 아쉬워 하지 않는다.

63. If your assignment is large and complex, it may be necessary to break it _______ small tasks.

(A) in
(B) out
(C) through
(D) down into

---

break in (건물 등에) 침입하다 / (남의 이야기 도중에) 끼여들다 / 길들이다

The thief *broke in* and stole all our jewellery.
도둑이 들어 보석을 몽땅 훔쳐 갔다.

Sorry to *break in* on you like this.
말씀 도중에 끼여들어 죄송합니다.

break out (전쟁, 화재 등의 사건이) 일어나다 / 탈출하다, 탈주하다

The First World War *broke out* in 1914.
제1차 세계대전이 1914년에 발발했다.

They *broke out* last night and we haven't found them yet. 그들은 어젯밤에 탈출했는데 아직 그들을 찾지 못했다.

break through (장애, 역경 등을) 헤치고 나아가다, 뚫고 나아가다

The protestors tried to *break through* police barricades. 시위대는 경찰의 저지선을 돌파하려 했다.

break down 고장나다 / (into) 나누다, 분해하다 / 병으로 몸져눕다

My new sports car has broken down.
내 새 스포츠카가 고장났다.

These new procedures can be *broken down* into a series of simple steps. 이들 새로운 절차는 일련의 단순한 과정으로 나눌 수 있다.

The wise seek wisdom, a fool has found it.

64. The goods subject to taxation may be cleared through the customs first and you can pay the due amount at a ______ bank.
(A) relocated   (B) designated
(C) introductory   (D) denounced

relocate [riːlóukeit] vt. 다시 배치하다, 옮기다 (= move)
The R&D division has been *relocated* to one of our regional offices. 연구개발부는 우리의 지사 중 한 곳으로 이전되었다.
relocation n. 재배치 / 강제 수용

designate [dézignèit] vt. 가리키다 / 지시[지정]하다
(= indicate, specify) / ~라 부르다
The fortress was *designated* as a national historic site. 그 요새는 국가가 지정하는 유적지로 선정되었다.
designated a. 지정된, 지시된
designation n. 지시, 지적 / 임명 / 호칭

introductory [ìntrədʌ́ktəri] a. 소개의, 예비적인
(= preliminary), 초보적인 / 서문의
Your speech will immediately follow the *introductory* address. 당신의 연설에 바로 뒤이어 예비 연설이 있겠습니다.
introduce vt. 소개하다, 받아들이다 / 시작하다

denounce [dináuns] vt. 비난하다, 공격하다 (= blame, condemn) / 고소[고발]하다
He was *denounced* as a racist for his involvement in the riots. 그는 그 폭동에 가담했기 때문에 인종주의자라는 비난을 받았다.
denunciation n. 비난, 탄핵 / 고발

현명한 사람들은 지혜를 찾지만, 어리석은 사람들은 그것을 찾았다고 생각한다.

65. However superior your products may be, they won't _______ superior for long under the present changing market conditions.
(A) arise (B) emerge
(C) remain (D) pause

arise [əráiz] (arose, arisen) vi. (from) 일어나다, 발생하다 (= occur) / 솟아오르다, 서 있다

Your hostility against your boss seems to *arise* from his indifference toward you. 상사에 대한 당신의 적개심은 당신에 대한 그의 무관심에서 기인한 것 같습니다.

emerge [imə́:rdʒ] vi. (from) 떠오르다, 나타나다 (= appear) / 드러나다, 판명되다

I saw him *emerge* from the warehouse first. 나는 그가 창고에서 가장 먼저 나오는 것을 봤다.
emergency door[exit] 비상구

emergency n. 비상, 위급, 응급

remain [riméin] vi. 남다, 머무르다 (= stay, persist)
n. (-s) 잔해 / 유물

Her three children *remained* behind. 그녀의 세 아이들은 계속 뒤에 서 있었다.

pause [pɔ:z] vi. 중지하다, 끊기다, 멈추다 (= stop)
n. 중지, 중단(= interruption)

The evidence against her was enough to give *pause* to even her most ardent supporters. 그녀에게 불리한 그 증거는 그녀를 열렬히 지지하는 사람들조차 주춤하게 만들기에 충분했다.

give pause 망설이게 하다

Wise men learn by other men's harms, fools, by their own.

> **66.** _______ the current popularity of the team concept, many people have virtually no experience working in teams.
> (A) Despite (B) Although
> (C) In spite (D) On condition that

despite [dispáit] prep. ~에도 불구하고(= in spite of)

Despite the difference in their ages, they were close friends. 그들은 나이 차이에도 불구하고 절친한 친구였다.

despite oneself 자신도 모르게, 뜻하지 않게

spite [spait] n. 악의, 심술, 원한(= malice, grudge)
vt. 심술부리다, 괴롭히다

He's going to do it by himself just to *spite* me. 그는 단지 나를 괴롭히려고 그 일을 혼자서 하려고 한다.

In *spite* of poor health, my father was always cheerful. 건강이 나쁘셨지만 아버님은 항상 명랑하셨습니다.

in spite of ~ ~에도 불구하고(= despite)

on condition that ~ ~라면, ~라는 조건으로

I'll tell my story *on condition that* you don't publish it until my death. 내 생전에는 출판하지 않는다는 조건하에 내 이야기를 하겠습니다.

virtually [və́:rtʃuəli] ad. 사실상, 실제로 (= practically, in effect)

There's *virtually* nothing I can do to help you. 사실상 당신을 돕기 위해 제가 할 수 있는 일이 없습니다.

virtual a. 실제의, 사실상의 / (컴퓨터) 가상의

현명한 이들은 남의 실패에서 배우고 어리석은 이들은 자신의 실패에서 배운다.

67. The departmental manager is typically
_______ because he or she is the best at
doing the actual work of the department.
(A) selected   (B) condemned
(C) assisted   (D) disciplined

select [silékt] vt. 선택하다, 고르다, 선발하다 (= choose, pick) a. 가려낸, 고른 (= choice)

I have no idea how they *select* the nominees.
그들이 어떻게 후보를 선정하는지 전혀 모르겠다.
selected a. 선택된 / 고급의, 질이 좋은
selection n. 선발, 선택 / 정선물

condemn [kəndém] vt. 비난하다 (= denounce) /
유죄 판결을 내리다 / 운명 지우다

He was *condemned* for his views on Affirmative
Action. 그는 인종차별 해소와 남녀평등에 대한 그의 견해
로 인해 비난을 받았다.
condemnation n. 비난 / 유죄 판결
condemnable a. 비난 받아 마땅한

assist [əsíst] vt. 거들다, 돕다 (= support)

I have asked Dr. Nelson to *assist* me with the
kidney transplant. 나는 Dr. Nelson에게 신장이식을
도와달라고 부탁했다.
assistance n. 도움, 협조
assistant n. 조수, 보조자 a. 보조의, 부(副)

discipline [dísəplin] vt. 훈련시키다 (= instruct) /
벌하다 n. 훈련 / 훈계 / 학과, 과목

Nobody was *disciplined* for this incident.
이 사건으로 아무도 징계를 받지 않았다.
disciple [disáipəl] n. 제자, 문하생

He is a fool who makes his physician his heir.

> **68.** The President helped pull his country ________
> its worst slump, while bringing chronic
> hyperinflation down to manageable level.
> (A) up   (B) down
> (C) over   (D) out of

pull up 잡아뽑다, 근절하다/ (차 등을) 멈추다

They have started *pulling up* the carpets.
그들은 카펫트를 걷어내기 시작했다.
The sun came out as we *pulled up* to the
church. 우리가 교회에 당도하자 해가 났다.

pull down 무너뜨리다, 허물다 / 약하게 하다

We'll have to *pull down* the barricades tonight.
우리는 오늘밤 그 방해물을 제거해야 할 것이다.
Her illness has *pulled* her *down* and left her
exhausted. 그녀의 병은 그녀를 쇠약하게 했고 지치게
했다.

pull over 차를 길가로 붙이다

I'll have to ask you to *pull over*, Sir.
차를 길가로 붙여주십시오.

pull out of ~ ~를 벗어나다(어려움, 곤경) / ~를 빠져
나가다

Due to personal problems he was forced to *pull
out of* the municipal election. 그는 개인적인 문제로
인해 지방의회 선거에서 탈락할 수밖에 없었다.
My husband ran over the rose bushes as he
pulled out of the garage. 남편은 차고에서 차를 몰고
나오다가 장미 덤불로 뛰어들었다.

 자신의 의사를 상속인으로 하는이 들은 어리석다.

69. The benefits of the quality control program will not last ________ there is an ongoing effort to maintain them.

(A) unless
(B) in case
(C) except that
(D) if only

unless [ənlés] conj.　~이지 않으면 (= if not)

I won't be allowed to start my doctorate *unless* I finish my thesis.　논문을 완성하지 못하면 박사 과정을 시작하는 것이 허가되지 않을 것이다.

in case (that) ~　~일 경우에 대비해, ~일지도 모르므로

I'll bring the receipt *in case* there's an argument.　말썽이 생길 수도 있으니까 영수증을 가져갈 것이다.

(just) in case　혹시 모르니까, 만일에 대비해
in any case　어쨌거나, 아무튼

except (that) ~　~만 아니라면

I'd give you a copy of the contract, *except* I left it at my office.　사무실에 두고 오지만 않았다면 당신에게 계약서의 사본을 드렸을 겁니다.

if only ~　~하기만 하다면

If only we'd left a little earlier.
좀더 일찍 출발했으면 좋았을 텐데.
I'll go to the game, *if only* to stop your complaining.　네 불평을 막을 수만 있다면 시합을 보러 갈 것이다.

quality control (QC)　품질 관리 (운동)

> **70.** Sometimes, it is necessary to let people make mistakes so that they can learn from them _______ immediately intervening.
> (A) as for   (B) instead of
> (C) on account of   (D) with regard to

as for ~   ~에 대해서는, ~로 말한다면(= regarding)

As for Rachel, she won't be coming.
Rachel로 말하자면 그녀는 오지 않을 것이다.

As for the damages, we'll worry about them tomorrow. 손해에 대해서는 내일 걱정할 것이다.

instead of ~   ~하는 대신, ~하기는커녕

Instead of complaining, why don't you do something to help? 불평하는 대신 당신이 뭔가 도움이 될만한 일을 하는 게 어떻습니까?

on account of ~   ~ 때문에, ~를 위하여

The reservoir was at an all-time low *on account of* the recent drought. 최근의 가뭄으로 인해 저수량이 유례없이 적었다.

with[in] regard to ~   ~에 대해서는, ~에 관해서

With regard to the accident, no one's been charged. 그 사고와 관련해서는 아무도 고발되지 않았다.

His childhood was quite restricted *in regard to* free time and friends. 그의 어린 시절은 자유 시간과 친구에 있어서 매우 엄격한 제한을 받았다.

 어리석은 이들은 부자로 죽기 위해 가난하게 산다.

> **71.** In broad terms, the study of a foreign language and culture serves to discipline the mind more _______ to new ideas.
> (A) futile
> (B) receptive
> (C) fragile
> (D) apathetic

futile [fjúːtl] a. 쓸데없는, 무익한 (= vain, barren, useless) / 하찮은

Trying to persuade my boss to hire more employees was *futile*. 더 많은 직원을 고용하자고 사장을 설득하려 했던 일은 소용이 없었다.

futility [fjuːtíləti] n. 무익함 / 하찮음

receptive [riséptiv] a. 잘 받아들이는, 감수성 있는 (= perceptive) / 이해력이 빠른

Is he *receptive* to our plan for restructuring? 그는 리스트럭처링을 위한 우리의 계획에 동감하고 있습니까?

reception n. 받아들임, 수용 / 이해력, 감수성

receive vt. 받다, 수령하다 / 이해[인정]하다

fragile [frǽdʒəl] a. 망가지기 쉬운, 무른 (= breakable, frail) / (체질이) 허약한

Be careful with these artifacts. They are very *fragile*. 이 공예품들을 조심해 다루십시오. 깨지기 쉽습니다.

fragility n. 망가지기 쉬움 / 허약함

apathetic [æpəθétik] a. 무관심한, 냉담한 (= unemotional, indifferent)

The people lost hope and became *apathetic*. 그 사람들은 희망을 잃고 무관심하게 되었다.

apathy [ǽpəθi] n. 냉담, 무관심

What the fool does in the end, the wise man does at the beginning.

---

72. Our activities and energies must be focused on customers, who is the source of the company's ________ .
(A) revenue (B) liability
(C) precision (D) reservation

---

revenue [révənjùː] n. 소득, 수입(= profit, gain) / (국가의) 세입

Since the merger with Taft-Connelly our sales *revenue* has tripled. Taft-Connelly와의 합병 후 우리의 판매 수익은 3배가 되었다.

liability [làiəbíləti] n. 책임, 의무(= responsibility) / 경향이 있음/ 빚 채무

Unfortunately, she didn't have any *liability* insurance. 불행하게도 그녀는 책임보험에 전혀 가입하지 않았다.

If the business fails you will be *liable* for all loans. 사업이 실패하면 당신이 모든 대부금을 책임져야 합니다.

liable a. 책임이[의무가] 있는/ ～하기 쉬운

precision [prisíʒən] n. 정확(도), 정밀(= accuracy)

She is to be commended for her *precision* and timing. 그녀는 정확함과 적절한 시간에 맞추는 능력으로 인해 칭찬받을 만하다.

precise [prisáis] a. 정확한, 정밀한/ 꼼꼼한

reservation [rèzərvéiʃən] n. 보류, 조건/ 예약, 제한 (= appointment)

What time is my *reservation*?
저는 몇 시로 예약되었습니까?

reserve [rizə́ːrv] vt. 저장[비축]하다 n. 저장

 지혜로운 이는 어리석은 이가 마지막에 한 일을 처음에 한다.

73. A strategic plan without the intention to
_______ it is just talk, a pile of useless
documents.
(A) defer　　　　　(B) boast
(C) convert　　　　(D) implement

defer [difə́:r] vt. 연기하다, 미루다 (= postpone)
vi. 늦춰지다, 지연되다 (= suspend)

I'm *deferring* my decision until tomorrow.
내일까지 결정을 미룰 것이다.

deferred sentence　선고 유예

deferred　a. 연기된, 보류된

deferrable　a. 연기할 수 있는

boast [boust] vt, vi. 자랑하다, 큰소리치다 (= swagger)
n. 자랑, 허풍

He *boasted* that he owned the most expensive
yacht in the race.　그는 경주에 나선 요트 중 가장 비싼
요트를 가지고 있다고 자랑했다.

boastful　a. 자랑하는, 허풍을 떠는

convert [kənvə́:rt] vt. 전환시키다, 바꾸다 (= transform)

A solar cell takes radiation from the sun and
converts it into electricity.　태양 전지는 태양의 복사
열을 흡수해 전기로 변환시킨다.

convertible　a. 바꿀 수 있는, 개조할 수 있는

implement [ímpləmənt] vt. 이행[실행]하다 (= fulfill)
/ 권한을 주다　n. 도구, 기구 (= tool)

Be sure to *implement* the changes by week's
end. 이주말까지 변경된 것들을 반드시 실행하도록 하십시오.

implementation　n. 이행, 실행 (= execution)

Riches serve a wise man but command a fool.

74. In the long run the quality of your product is a key ________ of whether it succeeds or fails.
(A) consequence   (B) determinant
(C) equivalent   (D) privilege

consequence [kánsikwèns] n. 결과, 결말 (= outcome, effect) / 영향(력) / 중요함

The *consequences* of the failed negotiations are far reaching and potentially disastrous. 협상 실패의 결과는 그 영향이 오래가고 매우 파괴적일수 있다.
in consequence of ~ ~의 결과로

determinant [ditə́:rmənənt] n. 결정요소, 결정 인자 a. 결정하는 결정적인

This chromosome is the *determinant* for gender. 이 염색체가 성을 결정하는 인자이다.
determine vt. 결심하다, 결정하다
determination n. 결심, 결단, 결정

equivalent [ikwívələnt] a. 동등한, 대등한 (to) (= comparable) n. 동등한 것, 대등한 것

In Western economies women's pay is now *equivalent* to men's. 서양에서는 여성이 남성과 대등한 보수를 받고 있다.
equivalence n. 같음, 동등함, 대등함

privilege [prívəlidʒ] n. 특권, 은혜 (= advantage) vt. 특권을 주다 (= entitle)

It will be my *privilege* to assist you with this research project. 이 연구 과제로 당신을 돕게 된다면 제겐 영광이 되겠습니다.
privileged a. 특권을 받은, 특별히 허가된

 재산은 지혜로운이를 섬기지만 어리석은 이를 부린다.

75. He was instrumental in coming up ‑‑‑‑‑‑‑ the idea for a new software line.
(A) to
(B) for
(C) with
(D) against

come up to ~ ~에 필적하다, ~와 대등하다 / ~에 접근하다, ~와 가까워지다

Her last album didn't *come up to* her expectations. 그녀의 마지막 음반은 그녀의 기대에 미치지 못했다.

He's *coming up to* the end of his term in office. 그는 공직의 임기가 끝나가고 있다.

come up for ~ ~에 입후보하다, ~에 (심사를 받으러) 나서다

The Senator from Maine will *come up for* re-election in 2002. Maine주의 상원의원은 2002년에 재출마할 것이다.

come up with ~ ~를 생각해내다

We need to *come up with* a better solution. 우리는 보다 나은 해결책을 생각해내야 한다.

Hopefully, they can *come up with* an exciting new ad campaign. 그들은 아주 흥미로운 새 광고를 고안해낼 수 있으리라 기대된다.

come up against ~ ~에 직면하다 (곤경, 난관)

I've never *come up against* such strong opposition. 나는 이제까지 그렇게 강력한 반대에 부딪친 적이 없다.

Wise men have their mouth in their heart, fools their heart in their mouth.

> **76.** When people in Bill's company want to buy
> something, they send him a purchase
> ________ .
> (A) deposition   (B) acquisition
> (C) requisition   (D) supposition

deposition [dèpəzíʃən] n. 면직, 파면(= removal,
dismissal) / 기탁, 공탁

> Please *deposit* your valuables in our safe.
> 귀중품을 저희 금고에 맡기십시오.

deposit vt. 아래에 두다 / 예금하다 n. 보증금

acquisition [æ̀kwəzíʃən] n. 획득, 취득 (= possession)
/ 취득물 (= belonging)

> This vase is the latest *acquisition* to our
> collection. 이 화병은 우리의 소장목록에 가장 최근에
> 추가된 것이다.

acquire [əkwáiər] vt. 손에 넣다, 획득하다

requisition [rèkwəzíʃən] n. 요구, 청구(서), 징발
(= requirement) vt. 요구하다, 청구하다

> You should submit your *requisitions* to the
> supply officer. 공급 담당자에게 청구 목록을 제출해야
> 합니다.

requisite a. 필요한 n. 필수품 / 필요 조건
require [rikwáiər] vt. 요구하다, 필요로 하다

supposition [sʌ̀pəzíʃən] n. 가정, 추측
(= assumption, conjecture) / 가설

> The *supposition* that men are more intelligent
> than women is flawed. 남자가 여자보다 지능이 높다
> 는 가설은 백지화되었다.

suppose vt. 가정하다, 상상하다, 추측하다

  현명한 이는 입을 가슴에 두지만 어리석은 이는 가슴을 입에 둔다.

> **77.** Send a check or money order for $115.60 in the enclosed return envelop or _______ us when we may expect payment.
> (A) note   (B) notion
> (C) notice   (D) notify

note [nout] n. 기록, 메모/ 주(註), 주석/ 주목, 주의
vt. 쓰다/ 주목하다 (= notice)

> I have taken *note* of all your comments in the meeting. 저는회의에서 당신의 발언을 모두 기록했습니다.
> **take note of** ~   ~에주목[주의]하다
> **noted** a. 저명한, 유명한/ 주목받는

notion [nóuʃən] n. 관념, 개념 (= concept, view) /
생각, 의견 (= idea, opinion) / 이해력

> You have no *notion* of what I am talking about.
> 당신은 제가 말하고 있는 것을 모릅니다.
> **have a good notion of** ~   ~를잘 알고 있다
> **have no notion of** ~**ing**   ~할 생각이 없다

notice [nóutis] n. 주의, 주목/ 통지 vt. 알아채다/
주의[주목]하다/ 통지하다

> I've been *noticing* an improvement in your work. 저는 당신의 작품이 나아지고 있음을 지켜보고 있었습니다.
> **noticeable** a. 눈에 띄는, 두드러진

notify [nóutəfài] vt. 통지하다, 알리다, 신고하다
(= announce, inform)

> You are required to *notify* the Manager of any changes to your schedule. 당신은 당신의 일정에 어떤 변화가 생기면 부서장에게 알려야 합니다.
> **notification** [nóutəfikéiʃən] n. 통지, 통고, 신고

If the fool knew how to be silent he could sit amongst the wise.

7念. An _______ territory means that no other wholesaler will be allowed to sell the manufacturer's products in the area.
(A) conclusive   (B) exclusive
(C) inclusive   (D) preclusive

conclusive [kənklúːsiv] a. 최종적인, 궁극적인, 끝내는 (= decisive, definite)
> I require *conclusive* proof.
> 나는 결정적인 증거를 요구한다.
conclusion [kənklúːʒən] n. 결말, 결론
conclude [kənklúːd] vt. 끝내다, 결론을 짓다

exclusive [iksklúsiv] a. 배타적인, 독점적인(= restrictive)
> He has *exclusive* rights to the property.
> 그는 그 재산에 대한 독점적인 권리를 갖고 있다.
exclusive of ~ ~를 빼고, ~를 제외하고
exclusion [iksklúːʒən] n. 제외, 배제 / 거절
exclude [iksklúːd] vt. 제외시키다, 추방하다

inclusive [inklúːsiv] a. (of) (~를) 포함하여 / 포함한, 포괄적인(= including, extensive)
> This fee is *inclusive* of all taxes.
> 이 요금은 모든 세금을 포함하고 있다.
inclusion [inklúːʒən] n. 포함, 포괄
include [inklúːd] vt. 포함시키다, 셈에 넣다

preclusive [priklúːsiv] a. 방해하는 / 제외하는 / 예방의
> Violent demonstration *precluded* revolution.
> 폭력적인 시위가 혁명을 방해했다.
preclusion [priklúːʒən] n. 방해 / 제외 / 예방
preclude [priklúːd] vt. 방해하다 / 제외하다

어리석은 이도 어떻게 침묵해야할지 안다면 지혜로운 사람들 사이에 앉아 있을 수 있다.

79. Bonus checks will be issued to each employee on November 30 _______ the regular paycheck.

(A) along with (B) as for
(C) by way of (D) so much for

along with ~ ~와 함께, ~에 더하여

The hurricane brought fierce rain *along with* strong winds. 허리케인은 강한 바람과 함께 폭우를 몰고 왔다.

I went *along with* everybody else's opinion.

나는 다른 사람들의 의견을 따랐다.

as for ~ ~에 대해서는, ~로 말한다면 (= regarding)

As for my role in this, it was minimal.

이 일에서 제가 맡은 역할은 보잘것없습니다.

by way of ~ ~할 목적으로, ~하기 위해/ ~를 거쳐, ~를 경유하여

She brought him some flowers *by way of* an apology. 그녀는 사과의 뜻으로 그에게 꽃을 보냈다.

We drove to Steveston, *by way of* the McGill Parkway. 우리는 McGill Parkway를 거쳐 Steveston 으로 차를 몰았다.

so much for ~ ~은 이제 그만두자, ~은 이제 충분 하다/ 신통지 않은 ~이다

So much for watching TV. 이제 TV는 볼만큼 봤다.

So much for my opinion. 제 생각은 별볼일 없습니다.

Fools are wise as long as silent.

> **86.** One of the biggest complaints of workers is that information _______ only one way - from management on down.
> (A) flows   (B) stems
> (C) revolves   (D) alternates

flow [flou] vi. 흐르다, 줄줄 나오다(= course) / 샘솟다
  n. 흐름/ 밀물
> The *flow* of information is limited.
> 정보의 흐름이 제한되어 있다.
> Refugees have been *flowing* into neighboring countries for months. 수개월 동안 난민이 인접 국가로 흘러들어 갔다.

stem [stem] n. (풀, 나무의) 줄기, 줄기같은것
  vi. (from) 유래하다, 비롯되다(= arise)
> Racism *stemmed* from ignorance.
> 인종주의는 무지에서 생겨났다.

resolve [rizálv] vt. 녹이다, 분해하다/ (문제를) 풀다/
  결정[결심]하다(= conclude) n. 결심, 결의(= determination)
> She *resolved* to be more punctual.
> 그녀는 시간을 더 잘 지켜야겠다고 결심했다.
> I am *resolute* in my belief.
> 나는 내 신념에 있어서 확고하다.
> **resolution** [rèzəlúːʃən] n. 결심, 결의 / 해결
> **resolute** a. 단호한, 결심이 굳은

alternate [ɔ́ːltərnit] vi. 번갈아 하다, 교대하다(= rotate)
  a. 번갈아 하는, 교대의
> She *alternated* between sadness and joy all day.
> 그녀는 하루종일 슬픔과 기쁨을 번갈아 맛보았다.
> **alternative** a. 하나를 택하는 n. 선택 / 대안

 바보도 입을다물고 있는 사이엔 지혜롭다,

☆1. The best _______ place is in places where most customers who come into a store can see the merchandise.
    (A) replay   (B) display
    (C) outplay   (D) downplay

replay [ri:pléi] n. (녹화 테이프 등의) 재생 / 재시합
vt. 다시 하다
  He rewound the video and *replayed* a few segments. 그는 비디오를 되감아 몇 부분을 틀어보았다.

display [displéi] vt. 보이다, 나타내다, 전시하다
(= exhibit, expose) n. 전시, 진열
  The latest styles are on *display* in the department store. 최근에 유행하고 있는 것들이 백화점에 진열되어 있다.
make a display of ~ ~를 과시하다

outplay [àutpléi] vt. ~보다 잘하다, ~를 이기다
  The new team member consistently *outplayed* his teammates. 그 팀의 새 선수는 항상 동료들보다 뛰어났다.

downplay [dàunpléi] vt. ~를 무시하다, 경시하다
  Don't *downplay* the severity of the situation. 그 상황의 심각성을 가볍게 보지 마십시오.

merchandise [mə́:rtʃəndàiz] n. 상품, 제품 (= goods)
vt. 거래하다, 취급하다
  The *merchandise* was stacked along the back wall of the store. 물건이 상점의 뒷벽에 쌓여 있었다.
merchant [mə́:rtʃənt] n. 상인, 무역상

He that will not be counselled cannot be helped.

82. Thanks so much for picking out a perfect Thai restaurant and ________ us to dinner last night.

(A) treating　　　　(B) affording
(C) outfitting　　　(D) furnishing

treat [tríːt] vt. 다루다, 대우하다(= deal with) / 치료하다 / 대접하다(to) n. 한턱, 대접
> Please *treat* the house as your own.
> 집을 당신의 것처럼 관리해 주십시오.
> Can I *treat* you to dinner?
> 식사 대접을 하고 싶습니다.

treatment n. 취급, 대우, 처리 / 치료
treaty n. 조약, 협정

afford [əfɔ́ːrd] vt. ~할 여유가 있다(= manage) / 제공하다, 주다(= provide)
> He can't *afford* to buy a new suit.
> 그는 새 신사복을 살 돈이 없다.
> They can't *afford* much time.
> 그들은 시간을 많이 낼 수 없다.

outfit [áutfit] vt. 제공하다, 주다(with) (= equip, furnish) n. 장비, 용품, 의상
> She was wearing a stunning *outfit* at the Ball.
> 그녀는 무도회에서 아주 멋진 옷을 입고 있었다.

furnish [fə́ːrniʃ] vt. 공급하다, 제공하다(with) (= supply) / (가구 등을) 설치[비치]하다
> Unfortunately they haven't *furnished* us with a solution. 유감스럽게도 그들은 해결책을 제시해 주지 않았다.

furnished a. 가구[집기]가 제공된

 남의 말을 듣지 않으려는 사람은 도움을 받을 수 없다.

> **83.** We are running late in sending _______ our Christmas cards, so you may get yours after Christmas.
> (A) for   (B) out
> (C) away   (D) in

send for ~   ~를 부르러 사람을 보내다 / ~를 가져오게 하다

We'd better *send for* the police.
경찰을 부르는 게 좋겠습니다.

Let's *send for* their new brochure.
그들의 새 상품 목록을 보내달라고 하죠.

send out[off]   발송하다, 보내다 / 파견하다

Complete the questionnaire and *send* it *out*.
질문서를 작성해 발송하십시오

We *sent* a package *off* on this morning's train.
아침 열차로 소포를 부쳤다.

send away   쫓아내다, 몰아내다, 해고하다

David was *sent away* from boarding school after he was caught smoking. David는 담배를 피우다 걸려 기숙 학교에서 쫓겨났다.

send in   제출하다(= present) / 파견하다

Please *send in* an update every other day.
이틀에 한 번 새로운 자료를 보내주십시오.

The army were *sent in* to disperse the angry mob. 성난 군중을 해산시키기 위해 군대가 파견되었다.

In vain he craves advice that will not follow it.

> **84.** K-III Press announced a 30% rise in earnings in the third quarter as _______ to the same period a year ago.
>
> (A) relation   (B) compared
> (C) contrast   (D) connection

relation [riléiʃən] n. 관계, 관련(= connection, link) / 친척, 혈족

The number of casualties was low in *relation* to the size of the blast. 돌풍의 규모로 볼 때 사상자수가 적었다.

in[with] relation to ~   ~와 관련[비교]해서

compare [kəmpέər] vt. 비교하다, 대조하다(with, to) (= equate, contrast)

This airfare is low *compared* to those of the other airlines. 다른 항공사와 비교해 보면 요금은 저렴한 것이다.

(as) compared with[to] ~   ~와 비교하여

contrast [kántræst] n. 대조, 대비(= comparison) vt. 대조시키다 vi. 대조를 이루다

Chris, in *contrast* to them, seems to be back to his normal self. Chris는 그들과 달리 정상 상태로 돌아온 것처럼 보인다.

in contrast to[with] ~   ~와 대조적으로

connection [kənékʃən] n. 연결, 결합(= correlation) / 관계/ 접속, 연락

My neighbor is talking to the police in *connection* with the shooting yesterday. 이웃 사람이 어제의 총격에 관해 경찰과 이야기하고 있다.

in connection with ~   ~와 관련해서

 남의 충고를 애써 구하고도 따르지 않는다면 소용이 없다.

85. Freeman has been chosen as the initial performer _______ his international popularity of late.

(A) as for   (B) by now
(C) due to   (D) a sort of

by now 지금쯤은 이미

By now dusk was falling across the land.
지금쯤 땅거미가 내려앉았을 것이다.

due to ~ ~로인한, ~ 때문에

The garage will be closed next Saturday *due to* repairs. 수리 때문에 정비소는 다음주 토요일에 문을 닫을 것이다.

a sort of ~ 일종의 ~ (= a kind of ~)

It's *a sort of* coffee. 그것은 일종의 커피이다.
I'm *sort of* keen on him.
나는 그에게 조금 마음이 끌린다.
  sort of 약간의, 조금 (= kind of)

of late 최근의, 최근에, 근래에

The weather has been very cold *of late*.
근래 날씨가 아주 추웠다.

choose [tʃuːz] (chose, chosen) vt. 선택하다, 고르다
(= select, pick) / 결정하다

He *chose* to ignore her pertinence.
그는 그녀의 무례함을 무시하기로 했다.
  pick and choose 정성을 들여 고르다
  choice [tʃɔis] n. 선택(권) / 종류, 범위

Write down the advice of him who loves you, though you don't like it at present.

> **86.** The need to hire workers with advanced skills has made employers more ________ in recruiting and hiring.
> (A) decisive   (B) elective
> (C) determinate   (D) selective

decisive [disáisiv] a. 결정적인, 결정하는(= definite) / 확고한, 단호한

Richard just isn't *decisive* enough to be the boss. Richard는 대장이 되기에는 과감성이 부족하다.

decision [disíʒən] n. 결정, 결심

elective [iléktiv] a. 선거에 의한, 선거하는 / (과목을) 선택할 수 있는(= optional)

Minorities have started to hold *elective* offices, such as Senators. 소수 인종이 상원의원 같은 선출직에 진출하기 시작했다.

election [ilékʃən] n. 선거 / 표결
elect vt. 선거하다, 뽑다

determined [ditə́ːrmind] a. 결의가 굳은, 단호한 (= resolute)

I was *determined* to keep silent.
나는 말을 하지 않기로 결심했다.

determine [ditə́ːrmin] vt. 결정하다, 결심하다
determination n. 결심, 결의, 결정

selective [siléktiv] a. 선택의 (= discerning) / 까다롭게 [신중하게] 고르는(= picky)

He became more *selective* in his choice of diet.
그는 먹을 것을 선택하는 데 더 까다로워졌다.

select vt. 고르다, 선발하다
selection n. 선발, 선택 / 선발한 것

당신을 사랑하는 사람의 조언은, 지금당장 마음에 들지 않더라도 적어두어라.

☆7. Increases in the price of oil, _______ with increasing awareness of the environmental damage, stimulated interest in alternative sources of energy.

(A) accorded (B) conceded
(C) coupled   (D) corresponded

accord [əkɔ́ːrd] vi. (with) 일치하다, 조화하다 (= agree) vt. 일치시키다 n. 일치, 조화

The negative report was in complete *accord* with my own view of the company. 그 부정적인 보고서는 그 회사에 대한 내 견해와 완전히 일치했다.

accordance [əkɔ́ːrdəns] n. 일치, 조화

concede [kənsíːd] vt. 인정하다, 시인하다 (= acknowledge) / 양보하다 / 허용하다

After arguing for some time John *conceded* I was right. 얼마 동안 논쟁을 벌인 뒤 John은 내가 옳다고 시인했다.

concession [kənséʃən] n. 양보, 허용

couple [kʌ́pl] n. 한 쌍, 부부 vt. 연결하다, 짝짓다 / 결부시키다 (with) (= combine)

The weather, *coupled* with my illness, made the vacation a disaster. 날씨는, 안 좋았던 내 건강과 함께, 휴가를 망쳐놓았다.

coupled with ~ ~와 결부되어, ~와 함께
a couple of ~ 두 개의 ~, 몇몇 개의 ~

correspond [kɔ̀ːrəspánd] vi. 상당하다, 같다 / 부합하다 / 연락하다, 서신을 교환하다

I've been *corresponding* with the company since January. 나는 지난 1월부터 그 회사와 연락을 주고받았다.

It is not the beard that makes the philosopher.

> **쏭쏭.** A raise in income tax is expected to damage
> re-election _______ for the ruling
> conservative party.
> (A) suspect   (B) prospect
> (C) circumspect   (D) retrospect

suspect [səspékt] vt. 의심하다, 낌새를 느끼다 (= doubt)
n. 용의자, 혐의자

> The police *suspected* her motives.
> 경찰은 그녀의 동기를 의심했다.

suspicion [səspíʃən] n. 의심, 혐의
suspicious a. 의심많은, 미심쩍은

prospect [práspekt] n. 예상, 전망, 기대 (= possibility,
promise)

> They were overjoyed at the *prospect* of meeting
> their grandchild. 그들은 손주를 만날 수 있다는 생각에
> 크게 기뻐했다.

prospective a. 예기되는, 가망이 있는, 장래의

circumspect [sə́ːrkəmspèkt] a. 신중한, 주의깊은
용의주도한 (= cautious, prudent)

> I treated the patient with real *circumspection*.
> 나는 그 환자를 아주 신중히 치료했다.

circumspection n. 신중함, 주의 깊음

retrospect [rétrəspèkt] n. 회고, 회상 vt, vi. 회고하다,
회상하다

> It was, in *retrospect*, one of the worst mistakes
> I ever made. 돌아보면 그것은 내가 저지른 최악의 실수
> 였다.

in retrospect 돌아보면, 다시 생각하면

 수염이 철학자를 만드는 것은 아니다.

87. Leading manufacturer of heavy industrial machinery seeks ________ individual for the position of Manager of Asian Sales.

(A) qualify　　　　(B) qualifying
(C) qualified　　　(D) qualification

qualify [kwáləfài] vt. 자격을 주다 (= authorize) / 제핸[한정]하다 vi. 자격이 있다

He trained for ten years before he *qualified* as a doctor. 그는 의사 자격을 얻기 전에 10년 동안 수련을 쌓았다.

Susan didn't need any *qualifications* in order to apply for the job. Susan이 그 일에 지원하는 데는 어떤 자격증도 필요하지 않았다.

qualifying a. 자격을 주는, 자격을 심사하는
qualified a. 자격이 있는, 적임의 / 제한된
qualification [kwὰləfəkéiʃən] n. 자격(증) / 조건

machinery [məʃíːnəri] n. (집합적) 기계류, 기계 장치, 기관 (= equipment)

heavy industrial *machinery* 중장비
machine n. 기계, 기계 장치

position [pəzíʃən] n. 위치, 장소 / 처지, 입장 (= situation) / 직책, 직위 (= post)

The runner was in the perfect *position* to win the race. 그 주자는 경주에서 승리할 수 있는 완벽한 위치에 있었다.

David has been given a new *position* in the company. David는 회사에서 새로운 직책을 맡게 되었다.
positional a. 위치상의 / 지위의

You can't tell a book by its cover.

9a. We have gained our customers' trust by providing home security services that are second _______ none.
(A) to
(B) of
(C) for
(D) with

second to none 누구에게도 뒤지지 않는 최고의
The food in Thailand is *second to none*.
태국 음식은 그 어느 음식에도 뒤지지 않는다.

gain [géin] vt. 얻다, 획득하다/ (시계의 시간이) 빨리가다
n. 이익, 수익
The new President is *gaining* support.
신임 대통령은 지지를 모아가고 있는 중이다.
My watch *gains* about 5 minutes every month.
내 시계는 한 달에 5분씩 빨라진다.

provide [prəváid] vt. 주다, 공급하다, 제공하다 (= supply, furnish) (with)
I can't *provide* you with any more money.
더는 당신에게 돈을 줄 수 없습니다.
The climbers didn't make any *provision* for the bad weather. 그 등산가는 악천후에 대한 대비를 전혀 하지 않았다.
provide ~ with ··· ~에게 ···를 제공하다
provision [prəvíʒən] n. 공급, 제공/ 준비

security [sikjúəriti] n. 안전, 보안/ 증권, 채권
a *security* guard 경비원
They attempted to *secure* the air base from another raid. 그들은 그 공군 기지를 또다른 공습으로부터 지키려 했다.
secure [sikjúər] a. 안전한 vt. 안전하게 하다

 표지를 보고는 그 책을 알 수 없다.

91. Not being able to find a job due to the recent recession account _______ much of the increase in enrollment of universities.

(A) to
(B) on
(C) for
(D) with

account for ~ ~를 설명하다, ~의 이유를 밝히다 / ~의 비율을 차지하다

He couldn't *account for* the loss of the money.
그는 그 돈을 잃은 것에 대해 해명할 수 없었다.
Tourism *accounts for* over 50 percent of business on the island. 여행업은 그 섬의 산업에서 50% 이상의 비중을 차지한다.

recent [ríːsənt] a. 근래의, 최근의 (= current, of late)

The *recent* events in Croatia give great cause for concern. 근래 크로아티아에서 벌어진 일들은 심각한 우려를 낳고 있다.

recently ad. 최근에, 바로 얼마 전

recession [riséʃən] n. (경기) 후퇴 (= depression, slump), 물러섬

The *recession* has led to a 15 percent drop in luxury car sales. 경기 침체는 고급차 판매를 15% 감소시켰다.

recede [risíːd] vi. 물러나다, 하락[쇠퇴]하다

enrollment [enróulmənt] n. 등록, (= registration) 입회 / 등록자의 수

I *enrolled* for a political science class.
나는 정치학 강좌에 등록했다.

enroll vt. 등록하다, 기재하다, 기록하다

Choose your company before you drink.

> **92.** The fire marshal recommended that we put an additional smoke _______ on the second floor.
>
> (A) detect (B) detector
> (C) detection (D) detective

detect [ditékt] vt. 발견하다, 간파하다, 탐지하다
(= discover, perceive)

Radar is able to *detect* approaching planes as far as 200 miles away. 레이더는 200 마일이나 떨어진 곳에서 다가오는 비행기를 감지할 수 있다.

The burglar was able to slip away without *detection*. 그 강도는 발견되지 않고 빠져나갈 수 있었다.

a metal *detector* 금속탐지기

detection n. 발견, 간파, 탐지
detective n. 탐정, 형사, 조사관 a. 탐정의
detector n. 발견자 / 탐지기, 검출기

marshal [máːrʃəl] n. (육군) 원수 / 보안관, 집행관
vt. 집합시키다, 열거하다

a fire *marshal* 소방서장

I *marshaled* the students into groups of five.
학생들을 다섯 명씩 짝짓게 했다.

recommend [rèkəménd] vt. 추천하다, 권하다

Could you *recommend* a good Italian restaurant near here? 근처에 괜찮은 이태리 음식점이 있으면 소개해 주시겠습니까?

The best way to find a gardener is through personal *recommendation*. 정원사를 구하는 가장 좋은 방법은 개인적으로 추천을 받는 것이다.

recommendation n. 추천(장), 권고

 술잔을 들기전에 친구를 골라야 한다.

93. For vacationers, jet lag is a mere inconvenience, but for those traveling _______ business, it can have more serious consequences.

(A) on

(B) for

(C) in

(D) by

on business 사업상, 업무관계로

He's away in Mexico *on business*.

그는 업무차 Mexico에 가 있다.

I usually stay in first class hotels when traveling *on business*. 업무상 여행을 할 때면 대게 1급 호텔에 묵는다.

lag [læg] vi. 처지다, 뒤떨어지다 (= linger)   n. 지연, 지체

jet *lag* 비행기 여행시 시차로 인한 피로

Production *lagged* and unemployment rose.

생산이 위축되었고 실업률이 올라갔다.

inconvenience [ìnkənvíːnjəns] n. 불편, 성가심

vt. 불편을 느끼게 하다(= annoy, disturb)

The long commute to work every day is a real *inconvenience*. 매일 직장까지 먼 거리를 왕복하는 것은 정말 불편하다.

inconvenient a. 불편한, 부자유스러운

serious [síəriəs] a. 진지한 (= sincere) / 중대한, 심각한 (= significant) / 따분한

If you don't wear a seat belt you could be *seriously* hurt. 안전벨트를 하지 않으면 중상을 입을 수 있습니다.

seriously ad. 진지하게 / 심각하게

seriousness n. 진지함 / 중대성, 심각함

Good company upon the road is the shortest cut.

94. We are sorry to _______ you of a delay in the shipment of the audio plugs and adapters that you ordered.
(A) address
(B) inform
(C) report
(D) announce

address [ədrés] vt. 연설하다/ ~라 호칭하다/ (편지를) 보내다 n. 주소/ 인사말, 연설

He was always *addressed* as Sir.
그는 항상 '선생님'이라는 호칭을 듣는다.

inform [infɔ́ːrm] vt. 알리다, 보고·통고하다 (= advise, notify) / 가르치다

The relatives of the crash victims were *informed* yesterday. 그 충돌 사고 희생자들의 연고자들은 어제 연락을 받았다.

inform ~ of … ~에게 …를 알리다
information [ìnfərméiʃən] n. 정보, 통지, 안내

report [ripɔ́ːrt] vt. 보고하다, 보도하다/ 신고하다
n. 보고(서), 기사 (= article)

New employees should *report* to the administrative office. 신입 직원들은 관리부에 보고해야 합니다.

reporter n. 보고자, 신고자/ 기자, 통신원

announce [ənáuns] vt. 알리다, 발표하다, 공고하다 (= declare)

The Prime Minister *announced* wide ranging reforms in his speech. 수상은 그의 연설에서 폭넓은 개혁을 공표했다.

announcement n. 발표, 공고
announcer n. 아나운서, 방송원/ 발표자

 길을 가는 데 있어서 좋은 친구는 가장 빠른 지름길이다.

95. _______ pollution is derived principally from power plants and from plants that manufacture basic metals.

(A) Industrious   (B) Industrial
(C) Industrialize   (D) Industrialist

industry [índəstri] n. 공업, 산업(= business, commerce) / 근면(= diligence)

manufacturing *industry* 제조업

the tourist *industry* 관광 산업

industrial [indΛstriəl] a. 공업(용)의, 산업(용)의

industrial disease 직업병

The only way we're going to compete with the west is to *industrialize*. 서방 세계와 경쟁하기 위해서는 공업화를 할 수밖에 없다.

industrialize vt, vi. 산업[공업]화하다
industrialization n. 공업화
industrialist n. 실업가, 공업가

industrious [indΛstriəs] a. 근면한, 부지런한

He was an *industrious* and conscientious worker. 그는 부지런하고 양심적인 직원이었다.

industriously ad. 부지런히

derive [diráiv] vt. 끌어내다, 획득하다(= gain, obtain) / 추론하다, 도출하다

His success was *derived* from his family connections. 그의 성공은 가족을 배경으로 해서 얻어진 것이었다.

derivation [dèrəvéiʃən] n. 유도, 끌어냄 / 추론
derivative [dirívətiv] a. 끌어낸, 유도된

A man is known by the company he keeps.

> **96.** Despite the astonishing advances in technology, there is still no ________ for a skilled human communicator.
>
> (A) element   (B) substance
> (C) potential   (D) substitute

element [éləmənt] n. 원소/ 요소 성분(= component, constituent) / 원리, 초보

You must bring the human *element* into it.
그것에 인간적인 요소를 첨가하셔야 합니다.

elementary a. 초보의, 기초의

substance [sʌ́bstəns] n. 물질(= material) / 실질, 내용(= essence, content)

The cost of the accident was *substantial*.
그 사고에 의한 손해는 엄청난 것이었다.

substantial a. 실질적인 / 많은, 풍부한

potential [poʊténʃəl] n. 잠재력, 가능성 (= promise) a. 잠재적인, 가능성 있는(= possible)

He has the *potential* to be a great athlete.
그는 훌륭한 운동선수가 될 가능성이 있다.
Potent new drugs will soon be on the market.
강력한 신약이 시장에 곧 등장할 것이다.

potent [póutənt] a. 유력한, 힘 있는, 효과 있는

substitute [sʌ́bstitjùːt] vt. 대신하다, 대리하다 n. 대리인, 대역(= replacement) / 대체품

The television was a *substitute* for the company he craved. 텔레비전은 그가 원하던 친구를 대신하는 것이었다.

substitution n. 대리, 대체, 교환

 사람은 그가 사귀는 친구로 알 수 있다.

97. Would you be willing to write a letter of recommendation ________ my behalf to Dr. Alice Davis, Axel Observatory?

(A) of   (B) on
(C) for   (D) with

---

on one's behalf ~를 위하여 / ~ 대신, ~를 대표
하여(= on behalf of ~)

The lawyer is acting *on our behalf.*
그 변호사는 우리를 위해 일하고 있다.
I am here *on behalf of* the hospital.
저는 병원을 대표해 여기 왔습니다.

be willing to do ~할 준비가 되어 있다, 기꺼이
~하다 (= be prepared to do)

He *is* still *willing to* work for the company.
그는 아직도 그 회사에서 일할 생각이 있다.

a letter of recommendation 추천장, 추천서

When applying for this position please provide
letters of recommendation. 이 일자리에 지원할 땐 추
천서를 제출해 주십시오

observatory [əbzə́:rvətɔ̀:ri] n. 천문대, 기상대, 관측소

I couldn't *observe* any improvement in his
behavior. 나는 그의 행동에서 나아진 점을 찾아볼 수 없
었다.

observe vt. 관찰하다 / (규칙을) 지키다, 따르다
observation n. 관찰, 주목 / 진단, 진찰
observer n. 관찰자 / 입회인, 참관자

Tell me with whom he goes, and I'll tell you what he does.

7요. We discovered several typos in the text and we feel that these errors resulted from an _______ on both our parts.
(A) overcast　　　　(B) oversee
(C) overview　　　　(D) oversight

overcast [òuvərkǽst] vt. (구름으로) 덮다 vi. 흐리다
a. 흐린, 침침한 (= gloomy)
The sun was appearing, but it remained *overcast.* 해가 나타났지만 주위는 계속 어둠침침했다.

oversee [òuvərsíː] vt. 내려다보다 / 감독하다
(= administer, direct)
He remained on the factory floor *overseeing* the work going on around him. 그는 주변에서 벌어지고 있는 작업을 감독하며 공장에 남아 있었다.
overseer n. 감독자, 관리자

overview [óuvərvjùː] n. 개관, 개괄, 개요(= summary, synopsis)
CNN gives a good *overview* of world news.
CNN은 전세계의 뉴스를 잘 요약해 준다.

oversight [óuvərsàit] n. 빠뜨림, 간과, 못 봄
(= negligence, omission) / 감독, 감시
I'm sorry, it was an *oversight.*
죄송합니다. 실수였습니다.
by[through] an oversight 모르고, 무심결에

typo [táipou] n. 오자(誤字), 오식, 타이핑 실수 / 인쇄[식자]공

 그가 어떤 사람들과 어울리는지를 알면 그가 어떤 사람인지 알 수 있다.

99. JJA has developed over 147 courses and trained over 85,000 _______, managers, and professionals.

(A) execute   (B) executors
(C) executions   (D) executives

execute [éksikjùːt] vt. (계획 등을) 실행[집행]하다
(= carry out, perform) / 처형하다

I hope I will be able to *execute* the plan perfectly. 내가 그 계획을 완벽히 수행할 수 있었으면 하고 바란다.

There were many business *executives* at the conference. 그 회의에는 많은 경영자들이 참석해 있었다.

I worry about the responsibility of being her *executor* and dealing with her personal papers. 나는 그녀의 유언집행인이 되고 그녀의 사적인 문서들을 처리해야 하는 게 부담스럽다.

execution [éksikjúːʃən] n. 실행, 집행, 처형
executioner n. 사형 집행인
executive n. 간부, 경영진 a. 실행의, 집행의
executor n. 유언 집행자 / 연주자, 연기자

develop [divéləp] vt. 발전시키다, 개발하다 (= cultivate)
/ (사진을) 현상하다

Our main concern is *developing* industry in the area. 우리의 주된 관심사는 그 지역의 산업을 발전시키는 것이다.

Could these pictures be *developed* by Monday? 이 사진들을 월요일까지 현상할 수 있겠습니까?

developed n. 개발된, 발전한
development n. 발달, 발전, 개발

A false friend and a shadow attend only while the sun shines.

> **100.** Enough capital for a full year of operations is a _______ standard for start-up capitalization.
>
> (A) reason (B) reasoned
> (C) reasoning (D) reasonable

reason [ríːzən] n. 이유, 까닭 / 이성 (= logic)
vt. 추론하다, 이성적으로 판단하다
  I asked the *reason* for the decision.
  나는 그렇게 결정한 이유를 물었다.
  Human beings are able to *reason*.
  인간은 사고할 수 있다.
  Their demands weren't *reasonable*.
  그들의 요구는 부당한 것이었다.
reasoned a. 이성에 근거한, 사리에 맞는
reasoning n. 추론, 사유
reasonable a. 분별 있는, 이치에 맞는 / 저렴한

operation [àpəréiʃən] n. 가동, 운전 (= handling) /
운영 경영 (= management) / 수술 / 작전
  Learn about the company's *operation*.
  그 회사의 경영에 대해 배우시오.
  Her mother was about to undergo major
  operation. 그녀의 어머니는 막 대수술을 받으려는 참이
  었다.
operate vt. 운전하다, 작동시키다 / 수술하다
operator n. (기계) 기사, 작동자 / (전화) 교환원

start-up n, a. 개시(의), 시작(의), 시동(의)
  The war's end was as dramatic and sudden as
  its *start-up*. 그 전쟁의 끝은 그 시작과 마찬가지로 극적
  이고도 갑작스러웠다.

그릇된 친구와 그림자는 태양이 비출 때만 나타난다.

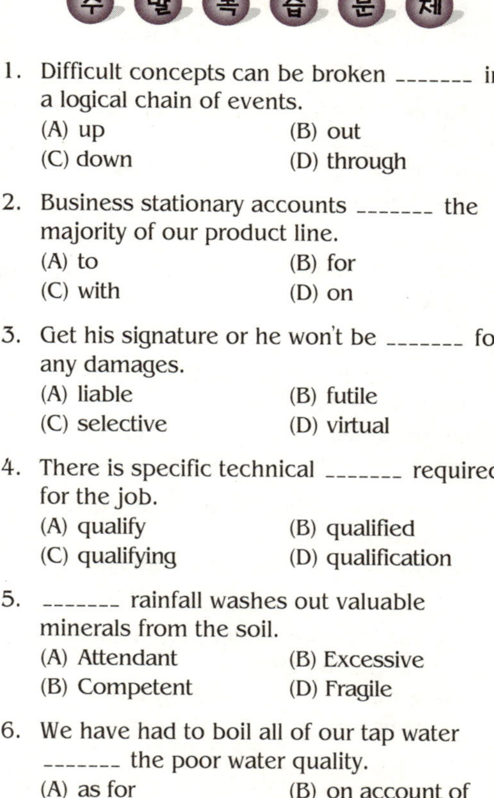

1. Difficult concepts can be broken ________ into
   a logical chain of events.
   (A) up   (B) out
   (C) down   (D) through

2. Business stationary accounts ________ the
   majority of our product line.
   (A) to   (B) for
   (C) with   (D) on

3. Get his signature or he won't be ________ for
   any damages.
   (A) liable   (B) futile
   (C) selective   (D) virtual

4. There is specific technical ________ required
   for the job.
   (A) qualify   (B) qualified
   (C) qualifying (D) qualification

5. ________ rainfall washes out valuable
   minerals from the soil.
   (A) Attendant (B) Excessive
   (B) Competent (D) Fragile

6. We have had to boil all of our tap water
   ________ the poor water quality.
   (A) as for   (B) on account of
   (C) by way of (D) in spite of

7. _______ Brent was to get fired, who would take over his job?
   (A) Though   (B) Despite
   (C) Supposing   (D) In case

8. Ignore the regional interests and consider the nation _______ .
   (A) by far   (B) at best
   (C) at most   (D) as a whole

9. Make sure you _______ your payment into your account by the end of the business day.
   (A) deposit   (B) assist
   (C) reserve   (D) execute

10. We have decided to leave Las Vegas regardless of the _______.
    (A) determinants   (B) requisites
    (C) depositions   (D) consequences

11. I have revised the text of the article to _______ with our mandate.
    (A) accord   (B) compare
    (C) afford   (D) resolve

12. The monitors were delivered to the office _______ the printers.
    (A) as for   (B) by way of
    (C) along with   (D) in excess of

13. They _______ us with the latest communications equipment.
    (A) convert (B) deter
    (C) designate (D) furnish
14. I will be speaking _______ behalf of the Save the Whales Campaign.
    (A) in (B) on
    (C) to (D) for

15. The police wanted to interview him in _______ with the armed robbery.
    (A) allowance (B) relation
    (C) accordance (D) connection

3rd Week

> **101.** _______ far the most common type of hair loss in men is known as male pattern baldness (MPB).
>
> (A) By   (B) From
> (C) So   (D) Thus

by far 훨씬, 단연코 (= far and away)

Tokyo is *by far* the most expensive city.
Tokyo는 단연코 가장 물가가 비싼 도시이다.

so far 이 지점까지 / 여기까지, 이 때까지

They only went *so far* into the forest that day before turning back. 그들은 그날 돌아가기까지 여기까지 숲속에 갔었다.

How has your holiday been *so far*?
지금까지 휴가가 어땠습니까?

thus far 이제까지, 지금까지

Thus far, there has been no reaction from the American government. 지금까지는 미국 정부의 반응이 전혀 없었다.

pattern [pǽtərn] n. 모범, 양식, 형(型) / 도안 무늬
vt. 모방하다, ~를 따라만들다

male *pattern* baldness 남성형 탈모증
Her behavior *pattern* altered after the accident.
그 사건 이후로 그녀의 행동 방식이 바뀌었다.
The musical was *patterned* on a classic novel.
그 뮤지컬은 고전 소설을 본떠 만들어졌다.

A friend in need is a friend indeed.

> **162.** Dizziness, nausea, headaches, irritability, muscle cramps - these are all signs that the heat is getting ------- you.
> (A) to (B) ahead of
> (C) along with (D) away from

get to ~ ~에 이르다[도착하다] / ~를 시작하다 / ~에 (정신적, 육체적) 영향을 주다

It *got to* 5 o'clock. 5시가 되었다.
The fatigue is *getting to* me now.
이제 피곤이 몰려오고 있다.

get ahead (of ~) (~보다) 앞서나가다, 성공하다

You have to work hard to *get ahead* in life.
남보다 앞서 나가기 위해서는 열심히 일해야 한다.

get along with ~ ~와 사이좋게 지내다 / ~를 잘 해 내다, ~를 진행시키다

I used to *get along* really well *with* my boss.
나는 상사와 사이가 썩 좋았다.
How are they *getting along with* the aptitude test? 그들은 적성 검사를 잘 진행시켜 가고 있습니까?

get away (from ~) (~로부터) 벗어나다, 도망치다, 떠나다

Let's *get away from* the traditional way of doing things. 일을 처리하는 낡은 방법을 벗어납시다.

cramp [kræmp] n. 경련, 쥐(= spasm) / 복통
vi. 경련이 나다

muscle *cramps* 근육통

  필요할 때 있는 친구가 진정한 친구이다.

103. The "9000" part of the tag ISO 9000 merely _______ that the company in question is a manufacturing operation.

   (A) abdicates   (B) dedicates
   (C) indicates   (D) syndicates

abdicate [金bdikèit] vt. (권리 등을) 포기하다, 버리다
(= surrender, yield) / 퇴임하다

> We would be *abdicating* our responsibility to the local community. 우리는 지역 사회에 대한 책임을 저버리게 될 것이다.

abdicate the throne in the favor of ~ ~에게
왕권을 물려주다[양위하다]

abdication n. 포기, 기권, 양위

dedicate [dédikèit] vt. (시간, 정성 등을) 바치다, 헌신하다

> She *dedicated* herself to the anti-nuclear movement. 그녀는 반핵운동에 헌신했다.

dedication n. 헌신, 봉헌, 헌정

indicate [índikèit] vt. 지시하다, 보이다, 가리키다
(= signify, manifest) / 암시하다

> The polls *indicate* that the new policy would be unpopular with high earners. 투표 결과는 그 새로운 정책이 고소득자들에게 인기가 없을 거라는 걸 나타낸다.

indication n. 지시, 지적 / 암시, 징조
indicator n. 지시자, 표시기 / 지표

syndicate [síndikit] vt. (기업) 연합을 만들다
n. 기업 연합, 협회(= alliance) / 평의원단

> American News *Syndicate* 전미 신문협회

syndication n. 신디케이트 조직

A friend to everybody is a friend to nobody.

> **104.** Please complete the form and return it to
> my --------.
> (A) possession　　(B) regard
> (C) concern　　　(D) attention

possession [pəzéʃən] n. 소유, 점유(= ownership)
/ (-s) 소유물, 재산

The *possession* of a degree does not guarantee
you a job. 학위를 갖고 있음이 일자리를 보장해 주는 것
은 아니다.

possess vt. 소유하다/ ~에 열중하다
possessed a. ~에 홀린, ~에 빠진

regard [rigá:rd] n. 관심, 주의, 주목　vt. ~라 여기다/
중시하다/ 존경하다

The airline was lax in *regard* to safety for the
passengers. 그 항공사는 승객의 안전이라는 면에서 부
족하다.

with regard to ~　~에 대해서 (= in regard of[to])

concern [kənsə́:rn] vt. ~에 관계하다/ ~에 관심을 갖다
n. 관계, 관심, 염려

When matters of service are *concerned* we are
second to none. 서비스와 관련해 우리는 누구에게도
뒤떨어지지 않는다.

as far as ~ **is concerned**　~에 있어서는

attention [əténʃən] n. 주의, 관심, 주목(= regard,
concern) / (군대의 구령) 차려

I feel it is my duty to bring to your *attention* the
following facts. 다음과 같은 점들을 당신에 알려드리
는 게 제 의무라 생각합니다.

to one's attention　~의 앞으로, ~의 눈에 띄게

 모든 사람의 친구는 어느 누구의 친구도 아니다.

105. The supplier should make all operating and maintenance manuals available free of ________ .

(A) bil   (B) payment
(C) charge   (D) expensive

bill [bil] n. 계산서, 청구서 (= invoice) / 광고 쪽지 / 법안, 의안 vt. 계산서를 보내다

> The telephone *bill* was a shock.
> 전화 요금이 놀랄 정도로 나왔다.

payment [péimənt] n. 지불, 납부 (= expenditure) / 변상, 보상 (= compensation)

> Some said that social security *payments* were too high. 어떤 이들은 사회 보장 비용이 너무 높다고 말했다.

charge [tʃɑːrdʒ] n. 짐 / 책임 / 요금, 대금 vt. 짐을 싣다 / (책임을) 지우다 / 청구하다

> No *charge* is made for repairs.
> 수리비를 받지 않습니다.

> I am in *charge* of overseas investment and loans. 나는 해외 투자와 대출을 담당하고 있다.

in charge of ~   ~를 책임지는, ~를 담당하는
free of charge   무료로 (= without charge)

expensive [ikspénsiv] a. 비싼, 사치스러운 (= costly, extravagant)

> The new highway cannot be built at the *expense* of the local population. 지역 주민을 희생시켜 새로운 고속도로를 건설해서는 안 된다.

expense [ikspéns] n. 지출, 비용, 경비 / 손실
at the expense of ~   ~를 대가로, ~를 희생해

Have only a few friends, though many acquaintances.

106. Finding the best _______ is critical, because the future of the company depends on our decision.
(A) alternate   (B) alternating
(C) alternative   (D) alternation

alternate [ɔ́:ltərnèit] vi. 바꾸다, 번갈아 하다, 교대하다 (= rotate) a. 번갈아 하는, 교대의
An *alternate* route is sometimes used during the winter. 동절기에는 간혹 다른 길이 이용되기도 한다.
alternating a. (電) 교류의, 교호의
alternation n. 교대, 교체

alternative [ɔ:ltə́:rnətiv] a. 양자 택일의, 선택적인
n. 대안, 택할 수 있는 것(= option)
alternative energy 대체 에너지
There must be a realistic *alternative* before we cancel. 그것을 취소하기 전 현실적인 대안이 있어야만 한다.
The ministry will have no *alternative* but to raise our rates. 장관은 우리의 요금을 인상하는 것 외에는 다른 방도가 없을 것이다.

critical [krítikəl] a. 비판의, 비판적인(= judging) / 위급한, 중대한(= crucial, decisive)
The first few weeks of the strike were *critical* to its success. 파업의 첫 몇 주간이 그 성공을 위해 중요했다.
Most people were *critical* of the government. 대부분의 사람들이 정부를 비판했다.
critic n. 비평가, 평론가
criticize [krítisàiz] vt. 비평[비판]하다
criticism n. 비평, 평론 / 비난

 아는 사람은 많더라고 친구는 몇 명에 그쳐야 한다.

> **167.** The estimated property _______ from building fire last year was about $1 billion.
> (A) lose   (B) lost
> (C) loss   (D) losing

lose [luːz] (p, pp. lost) vt. 잃어버리다 (= miss) / (경기 등에서) 지다 vi. 감소하다 (= fall)

They have *lost* ten games and won five.
그들은 열 경기를 졌고 다섯 경기를 이겼다.

He has *lost* a lot of weight since his illness.
병이 난 후 그는 체중이 많이 빠졌다.

loser n. 실패자, 패자
losing a. 손해보고 있는, 지고 있는

lost [lɔ(ː)st] a. 잃어버린, 분실한 (= missing) / 빼앗긴, 진 / 낭비된 (= wasted) / 열중한

They appear to be *lost*. 그들은 길을 잃은 듯하다.
He has to make up *lost* ground.
그는 잃어버린 땅을 되찾아야 한다.

loss [lɔ(ː)s] n. 손실, 분실, 상실 (= defeat, damage, ruin)

A sense of *loss* overwhelmed him as they parted. 그들이 결별하게 되면서 그에게는 상실감이 밀려왔다.

I'm at a *loss* to explain what happened.
어떤 일이 있었는지 어떻게 설명해야 할지 모르겠다.

at a loss 어쩔 줄 모르는, 쩔쩔매는 / 밑지고

property [prápərti] n. 재산, 소유물 (= possession) / 성질, 특성 (= quality, trait)

Most man no longer treat their woman as *property*. 대부분의 남자들은 더 이상 여자를 소유물로 생각하지 않는다.

Before you make a friend eat a bushel of salt with him.

168. The Electronics Division is moving to the
new plant site to _______ advantage of an
easy access to the port.
(A) hold   (B) make
(C) take   (D) keep

take advantage of ~ ~를 이용[활용]하다/
~를 속이다
She *took advantage of* his good mood to ask
permission. 그녀는 허락을 받기 위해 그가 기분이 좋은
점을 활용했다.

electronic [ilèktránik] a. 전자의 n. (-s) 전자제품
an *electronic* calculator 전자 계산기
The aircraft was bristling with advanced
electronics. 그 비행기는 첨단 전자기기들로 채워졌다.
electronics [ilèktrániks] n. (단수) 전자 공학

site [sait] n. 위치 (= location) / (건물등의) 용지, 터
(= spot) vt. 위치시키다
We hope to begin building on the allocated
sites within the next month. 우리는 다음달 안으로
할당받은 부지에 건축을 시작하기를 희망한다.

access [ǽkses] n. 접근, 출입 vt. 다가서다, 접근하다
(= approach)
The hidden room was *accessible* only through a
secret entrance. 그 밀실은 비밀 통로를 통해서만 접근
할 수 있었다.
accessible a. 접근할 수 있는, 이용하기 쉬운
accession n. 근접, 접근

친구가 되기 전 그와 함께한 말의 소금을 먹어라. (오랜 시간을 함께
보낸 다음 친구가 되어야 한다.)

> **167.** Creative solutions must be formulated to
> _______ national competitiveness and
> establish our dream of a great society.
> (A) order　　　　　　(B) restore
> (C) impress　　　　　(D) engrave

order [ɔ́:rdər] n. 명령, 지시/ 순서/ 정돈/ 주문
vt. 명령하다/ 정리하다/ 주문하다

I *ordered* three large pizzas for tonight.
나는 오늘 저녁에 세 개의 대형 피자를 주문했다.
in order 가지런히, 차례대로
in order to do ~하기 위하여
orderly a. 정돈된, 질서를 지키는/ 순종하는

restore [ristɔ́:r] vt. 반환하다/ 되찾다, 복구하다, 재건하다
(= revitalize, repair)

The generous action *restored* my faith in
human action. 그 자비로운 행동은 인간에 대한 내 믿음
을 회복시켜 주었다.
restoration n. 복구, 부흥/ 반환

impress [imprés] vt. 감동시키다, (깊은) 인상을 남기다/
자국을 남기다, 도장을 찍다

I was greatly *impressed* by the pianist.
나는 그 피아니스트로부터 깊은 감명을 받았다.
impression n. 인상, 감명/ 느낌/ 영향/ 자국
impressive a. 인상적인, 감동을 주는

engrave [engréiv] vt. 조각하다, 새기다/ (마음에) 새기다
The opening scene is *engraved* in my memory.
첫 장면이 내 기억에 뚜렷이 남아 있다.
engraving n. 조각, 조각술/ 판화

*Go down the ladder when you marry a wife; go up
when you choose a friend.*

> **116.** One-on-one instruction with professional
> instructors provides the student ________ the
> most practical training available.
> (A) by   (B) of
> (C) for   (D) with

provide ~ with ···   ~에게 ···를 주다[공급하다]
(= provide ···for ~)

He cannot *provide* me *with* the support I need.
그는 내가 필요로 하는 도움을 줄 수 없다.

The government cannot *provide* a job *for* all
young people. 정부가 모든 젊은이들에게 직업을 구해
줄 수는 없다.

one-on-one a, ad. 일대일(로) n. 일대일

The institute provides *one-on-one* intensive
tuition. 그 학원은 집중적인 1대1 수업을 제공한다.

instruction [instrʌ́kʃ∂n] n. 훈련, 교육(= education,
coaching) / 지시

Please refer to the *instructions* before you use
this equipment. 이 기구를 사용하기 전 설명문을 참조
하십시오.

instruct vt. 가르치다 / 지시[통지]하다
instructive a. 교육적인, 유익한
instructor n. 교사, 선생, 교관

practical [prǽktik∂l] a. 실제적인, 실용적인 (= realistic,
functional)

It's not *practical* to take the car downtown
during the week. 주중에는 시내로 차를 몰고 가는 일
이 실용적이지 않다.

practice vt. 실행하다, 연습하다 n. 실행, 연습

결혼 상대자는 사다리를 내려와 고르고, 친구는 사다리를 올라가 골라야
한다(뭔가 배울점이 있는 상대를 친구로 골라야 한다).

> **111.** On the basis of our past experiences, we
> estimate the cost for the project will ________
> from $120,000 to $140,000.
>
> (A) cover   (B) range
> (C) involve   (D) comprise

range [reindʒ] vi. 줄짓다 / ~의 범위에 걸치다 (extend) / 변동하다 n. 열, 줄 / 범위

Sizes *range* from small to extra large.
크기는 소형에서 특대까지 있다.

range from ~ to … 범위가 ~에서 …가 되다
ranger n. 돌아다니는 사람, 방랑자 / 순찰대원

involve [inválv] vt. 말아넣다, 감싸다 (= include) / 관련시키다 / 필요로 하다, 수반하다

I only want this job if the work *involves* young children. 어린아이들이 관련될 일이라면 이 일을 할 것이다.

involvement n. 말려듦, 휩쓸려듦, 관련, 연루

comprise [kəmpráiz] vt. 포함하다, 함유하다 / (전체를) 이루다 (= constitute)

The committee *comprised* ten senators.
그 위원회는 10명의 상원의원들로 구성되었다.

comprisal [kəmpráizəl] n. 포함, 함유

on the basis of ~ ~를 기초로 해서, ~를 근거로 해서, ~때문에

We should accept the offer *on the basis of* their figures. 그들의 수치를 근거로 그 제안을 받아들여야 할 것이다.

Friendship cannot stand always on one side.

---

112. The programs that run the computer and its components are ________ to as software.
    (A) called   (B) referred
    (C) reported   (D) described

---

refer [rifə́:r] vt. 문의하다, 참고하다/ ~ 탓으로 돌리다
vi. (to) 부르다, 언급하다

I have to keep *referring* to the text book when I'm writing my essays. 에세이를 쓰는 동안 계속해서 그 교재를 참고해야 한다.

This type of cooking is usually *referred* to as Californian cuisine. 이러한 종류의 요리는 캘리포니아 요리라 불린다.

A *reference* is required when you apply for this job. 이 일자리에 지원하려면 추천서가 필요합니다.

refer to ~ as … ~를 …라 부르다
reference [réfərəns] n. 참고(서) / 문의 / 관계 / 추천(서)

describe [diskráib] vt. 묘사하다, 말로 설명하다 (= depict, portray) / 평하다

I *described* the accident to the jury.
나는 그 사건을 배심원들에게 설명했다.

The suffering that the refugees endured defies *description*. 피난민들이 감내해야 했던 고통은 이루 말할 수 없다.

description n. 묘사, 서술 / 설명서, 명세서
beyond[past] description 말로 다할 수 없이
descriptive a. 기술적인, 묘사적인

software [sɔ́(:)ftwὲər] n. (컴퓨터) 프로그램 / 수단, 방법
hardware [há:rdwὲər] n. 철물, 기자재, 설비

 우정은 항상한 쪽으로 서 있을 수 없다. (어느 한 쪽이 일방적으로 부족한 친구사이에서는 우정이 지속되지 못한다.)

113. In some cases you have to list the names of people your ________ employer can contact for more detailed information.
(A) prospect
(B) prosper
(C) prospective
(D) prosperous

prospect [práspekt] n. 예상, 전망, 기대 (= possibility, promise)

He's a *prospective* client, so be polite. 그는 고객이 될 가능성이 있는 사람이므로 공손히 대해야 한다.

prospective a. 예기되는, 가망이 있는, 장래의

prosper [práspər] vt. 번영하다, 성공하다 (= flourish) / 잘 번식하다 (= thrive)

The town was once *prosperous* and thriving. 그 마을은 한 때 흥청대며 번성했었다.

prosperous [práspərəs] a. 번영하는, 성공한
prosperity [praspérəti] n. 번영, 성공

employer [emplóiər] n. 고용주, 사용자

There are still more people *employed* in textiles than in computers. 아직도 섬유 산업에 고용된 사람들이 컴퓨터 산업에 고용된 사람들보다 많다.

employ [emplói] vt. 고용하다 / 쓰다, 소비하다
employment n. 사용, 고용 / 직업
employee [implóii:] n. 직원, 종업원

detailed [dí:teild] a. 상세한, 정밀한, 세부적인 (= specific, precise)

I require a *detailed* plan of action. 나는 세부적인 활동 계획을 알고 싶다.

detail n. 세부, 상세한 것 vt. 상술, 열거하다

Lend your money and lose your friend.

> **114.** Trans Union was accused of selling
> consumers' credit information in _______
> of consumers' privacy rights.
> (A) criminal　　　　(B) deduction
> (C) reduction　　　 (D) violation

criminal [krímənl] a. 범죄의, 죄가 있는 (= illegal)
　n. 범인 범죄자 (= offender)
　She committed the *crime* in desperation.
　그녀는 자포자기 상태에서 죄를 저질렀다.
　crime　n. 범죄, 위법 행위

deduction [didʌkʃən] n. 삭감, 빼기 / 추론 결론
　I'm hoping to make a claim for a tax *deduction*.
　나는 세금 반면을 요구할 계획이다.
　deduct　vt. 빼다, 공제하다
　deduce [didjúːs] vt. 추론하다, 연역하다
　deductive　a. 추리의, 연역적인

reduction [ridʌkʃən] n. 감소, 절감, 할인(= cutback,
decrease)
　The workforce would have to be *reduced* from
　13,000 to 7,500.　인력이 13,000명에서 7,500명으로
　감소되어야 할 것이다.
　reduce [ridjúːs] vt. 줄이다, 축소하다

violation [vàiəléiʃən] n. 위반, 위배(= breach,
infraction) / 반칙, 침해
　Iraq built chemical weapons in *violation* of the
　Security Council ruling.　이라크는 안전보장이사회
　의 규제를 어기고 화학무기를 제조했다.
　in violation of ~　~를 위반하여
　violate [vàiəlèit] vt. 위반하다, 어기다

 돈을 빌려주면 친구를 잃게된다.

115. You can find a low rate mortgage or look
_______ the wholesale price of a car in
Consumer World, a public internet site.

(A) up

(B) down

(C) forward

(D) up to

look up 조사하다, 알아보다, 찾다 / (상태가) 좋아지다,
호전되다

I had to *look up* the answer in the back of the
book. 나는 책 뒤에서 정답을 찾아봐야만 했다.

The economic situation is *looking up*.
경제 여건이 호전되고 있다.

look down (on ~) (~를) 내려다보다, 무시하다

Her family always *looked down on* her
boyfriends. 그녀의 가족은 항상 그녀의 남자 친구들을
무시했다.

look forward (to ~) (~를) 기대하다, 기다리다

I *look forward to* my next visit to England.
다시 England를 방문할 수 있었으면 한다.

We are *looking forward to* your reply.
우리는 당신의 응답을 기다리겠습니다.

look up to ~ ~를 우러러보다, ~를 존경하다

He *looks up to* his brother. 그는 형을 존경한다.

mortgage [mɔ́ːrgidʒ] n. 저당, 담보 vt. 저당잡히다 /
목숨을 걸고 하다

I had to *mortgage* my house as a last resort.
최후의 수단으로 나는 집을 저당잡혀야 했다.

mortgage bond 담보부 채권

*He who would win the daughter must win the mother
first begin.*

> **116.** There have been significant advances in migraine treatment from which about three _______ four adults suffer at some point in their lives.
>
> (A) from　　　　　　　(B) to
> (C) via　　　　　　　 (D) out of

~ **to** … ~ 대(對) …/ ~이 모자란 … (시간)

The score was nine *to* five.　점수는 9 대 5였다.
It's five *to* six.　지금은 5분전 6시이다.

via [váiə] prep. ~를 경유하여, ~를 거쳐/ ~를 통해, ~에 의하여(by means of ~)

This sample came to us *via* the Food and Drug Administration.　이 견본은 식품의약청을 거쳐 우리에게 보내졌다.

Television pictures are transmitted swiftly all over the globe *via* satellite.　TV 화면은 인공위성을 통해 전세계로 신속히 보내진다.

~ **out of** … … 중에서 ~, … 가운데 ~

Only three people will be selected *out of* all the candidates.　전체응모자 중에서 단 세 명만이 뽑힐 것이다.

significant [signífikənt] a. 중대한, 상당한(= serious) / 암시적인, 의미심장한

Significant numbers of people are going to vote Republican in the upcoming election.　다음선거에서는 상당히 많은 사람들이 공화당에 표를 줄 것이다.

significance n. 의의, 의미 / 중요함, 중대성
signify [sígnəfài] vt. 의미하다, 뜻하다, 나타내다

 딸을 얻으려면 먼저 그 딸의 어머니의 마음을 얻어야 한다.

> **117.** Analgesics such as codeine often cause rebound headache when they ________ off and lead many people to increase the dosage.
>
> (A) fall　　　　　　(B) take
> (C) turn　　　　　　(D) wear

fall off (이탈하여) 떨어지다 / 감소[쇠퇴]하다

The man *fell off* a ladder.
그 사람은 사다리에서 떨어졌다.
We have seen a dramatic *fall off* in sales revenue.　우리는 급격한 판매 수익의 감소를 겪고 있다.

take off (옷 등을) 벗다 / 출발하다, 떠나다 / (비행기가) 이륙하다

His flight *took off* an hour ago.
그가 탄 비행기는 한 시간 전에 이륙했다.
He *took off* his glasses and blinked.
그는 안경을 벗고 눈을 깜박거렸다.

turn off (전등 등을) 끄다, 잠그다

The remote control wasn't working, so we couldn't *turn* the television *off*.　리모콘이 고장나 텔레비전을 끌 수 없었다.

wear off 점차 사라지다, 줄어들다

The excitement had *worn off* by the end of the party.　파티가 끝날 때쯤엔 재미가 없었다.

rebound [ribáund] vi. 되튀다 / 되돌아오다　n. 반발, 되튐

It *rebounded* from the edge of her plate and fell to the floor.　그것은 그녀의 접시 가장자리를 맞고 튀어 바닥에 떨어졌다.

The last suitor wins the maid.

118. Target marketing uses information from consumer reports to prepare a list of consumers who _______ certain criteria.
(A) carry   (B) meet
(C) resign   (D) yield

criterion [kraitíəriən] (pl. -ria [-riə]) n. 기준, 표준 (= standard)

A new set of *criteria* will have to be applied to digital TV. 디지털 TV에는 일련의 새로운 표준이 적용되어야 할 것이다.

meet a criterion 기준을 충족하다, 기준에 맞다

resign [rizáin] vt. 사임하다, 사직하다, 그만두다(= retire) / 포기[단념]하다(= submit)

He *resigned* from the board yesterday. 그는 어제 이사회에서 사퇴했다.

resignation [rèzignéiʃən] n. 사임, 사직 / 단념

yield [ji:ld] vt. 산출하다, 생기게 하다 / 포기[굴복]하다 (= surrender) n. 수확, 이익

0.23 acres would *yield* only 200 pounds of rice. 0.23에이커의 땅에선 고작 200파운드의 쌀이 생산될 것이다.

I am not *yielding* to scare tactics. 나는 위협에 굴복하지 않을 것이다.

yielding a. 수확이 많은, 다산의 / 순종적인

target [tá:rgit] n. 과녁, 표적(= mark) / 목표(= aim, end) vt. 목표로 하다

Her proposal has been the *target* of much criticism. 그녀의 제안은 많은 비판의 표적이 되었다.

 최우의 청혼자가 처녀를 얻는다(조급한 청혼자는 성공하지 못한다).

119. Those companies that are growing so quickly don't have enough well-trained employees to take advantage of every ________ .

(A) fracture   (B) deficiency
(C) opportunity   (D) setback

fracture [fræktʃər] n. 부숨, 분쇄/ 분열/ 골절
vt. 부수다(= break, shatter) vi. 금가다
> The ceiling support will *fracture* if any more weight is loaded upon it. 더 많은 무게가 실린다면 그 천장 받침대는 부서질 것이다.

deficiency [difíʃənsi] n. 부족(량), 결핍(= lack, shortage, scarcity)
> The company suffers *deficiencies* in personnel and equipment. 그 회사는 인력과 장비의 부족으로 어려움을 겪고 있다.

deficient [difíʃənt] a. 모자라는, 부족한
deficit n. 부족, 결손/ 적자

opportunity [àpərtjú:nəti] n. 기회, 행운(= chance)
> I welcome the *opportunity* to debate civil rights issues. 나는 민권 문제에 대해 토론할 수 있는 기회를 마다하지 않는다.

setback [sétbæk] n. 방해/ 좌절 실패, 퇴보
> The team had to face a multitude of *setbacks* in their quest to scale Everest. 그 등반대는 에베레스트를 오르는 과정에서 수많은 실패를 겪어야 했다.

When poverty comes in at the door, love flies out of the window.

> **126.** Management must take action to -------- the aging process while the company is still in growth.
> (A) accelerate (B) arbitrate
> (C) retard (D) solicit

accelerate [æksélərèit] vt. 빨리하다, 가속시키다, 촉진하다(= quicken, speed)

Inflation rates began to *accelerate*.
물가상승률이 더 가파르게 오르기 시작했다.

acceleration n. 가속, 촉진 / 가속도
accelerator n. 가속기, 가속 장치

arbitrate [á:rbitrèit] vt. 중재하다, 조정하다

The Secretary General was forced to *arbitrate* the negotiations between Israel and Egypt.
유엔사무총장은 이스라엘과 이집트 간의 협상을 중재하라는 압력을 받았다.

arbitration n. 중재, 조정 / 중재 재판
arbitrator n. 중재자 / 심판자

retard [ritá:rd] vt. 늦추다, 지연시키다(= delay) / 방해하다(= hinder) n. 지연, 방해

The school was for the *retarded*.
그 학교는 지능이 떨어지는 학생들을 위한 학교였다.

retardation n. 지연, 지체 / 방해

solicit [səlísit] vt. 간청하다, 조르다 (= implore)

Roy *solicited* aid from a number of influential members. 그는 여러 영향력 있는 회원들에게 도움을 구했다.

solicitation n. 간청, 애원 / 권유, 유혹
solicitous [səlísətəs] a. 갈망하는, 간절한, 열심인

 가난이 문앞에 도착하면 사랑은 창문으로 날아간다.

121. The finance department makes budgets, which top management approves and then _______ to the heads of divisions.
  (A) accumulates   (B) delegates
  (C) lingers   (D) revokes

accumulate [əkjúːmjəlèit] vt. 모으다, 축적하다
(= collect, store) vi. 쌓이다, 축적되다
  I have *accumulated* a number of mementos during my time in your country. 저는 귀국에 있는 동안 여러 개의 기념품을 모았습니다.
accumulation n. 축적, 누적 / 모인돈
accumulative a. (돈을) 모으려 하는 / 누적적인

delegate [déligèit] vt. 대표로 파견하다 / 위임하다
(= assign, designation) n. 대표자, 대리인
  The general manager has *delegated* responsibility for each section to a different supervisor. 총지배인은 각 부서에 대한 책임을 서로 다른 관리자들에게 위임했다.
delegation n. 대표단 / 파견 / 위임

linger [língər] vi. 꾸물거리다, 오래 머무르다(= dawdle, lag) vt. 질질 끌다
  Her hostility *lingered.* 그녀의 적개심은 지속되었다.
lingering a. 꾸물거리는, 우물쭈물하는

revoke [rivóuk] vt. (명령, 면허 등을) 취소하다, 무효로 하다
n. 취소, 폐지
  He may *revoke* my license.
  그는 내 면허증을 취소시킬지 모른다.

Marry in haste and repent at leisure.

122. Without a clear mission, we often ------- up repeating the past rather than inventing the future.

(A) draw   (B) end

(C) make   (D) take

draw up (문서를) 작성하다, 계획을 세우다 / 차를 멈추다

A charter was *drawn up*, setting out their policies. 그들의 정책을 제시하는 헌장이 제정되었다. Right at six o'clock the limousine *drew up*.
정확히 6시에 리무진이 멈추어섰다.

end up 결과적으로 ～이 되다, ～으로 끝나다

If people don't start eating soon we'll *end up* with tons of leftovers. 사람들이 곧 식사를 시작하지 않으면 결국 어마어마한 음식물 찌꺼기가 남을 것이다.

make up (for) (부족, 손실을) 메우다, 채우다 / (of) 구성하다 / 생각해내다, 고안하다

If babies put on very little weight at first, they will gain rapidly to *make up for* it. 아이들의 체중이 처음에 덜 나간다면 그것을 보충하기 위해 빨리 체중이 늘어날 것이다.

All substances are *made up of* molecules.
모든 물질은 분자로 구성된다.

take up (시간, 장소를) 차지하다 / (일에) 착수하다, 종사하다

I won't *take up* any more of your time.
더 이상 당신의 시간을 뺏지 않겠습니다.
She wants to *take up* hiking to lose weight.
그녀는 체중을 줄이기 위해 하이킹을 시작했으면 한다.

 성급히 결혼하면 두고두고 후회하게 된다.

123. Consumer groups said they were concerned that lawmakers would ________ away badly needed consumer-protection provisions.
(A) carry
(B) give
(C) keep
(D) strip

carry away 넋을 잃게 하다, 도취시키다

I got *carried away* trying to make sure everything was perfect. 모든 것이 완벽한지 확인하느라 정신이 없었다.

give away 남에게 주다, 넘겨주다 / 비밀을 누설하다

After much consideration I have decided to *give* all of my assets *away*. 많은 생각 끝에 내 모든 재산을 양도하기로 결심했다.

I didn't feel like *giving away* more information than I had to. 그래야 했던 것 이상의 정보를 누설하고 싶지 않았다.

keep away 멀리하다, 가까이 가지 않다 / 접근하지 못하게 하다

She *kept away* from isolated areas.
그녀는 후미진 곳을 피했다.

Keep children *away* from the generators.
아이들이 발전기 가까이 오지 못하게 하십시오.

strip away 제거하다, 박탈하다, 없애다

They went through the final process of *stripping away* his pension rights. 그들은 그의 연금 수령권을 박탈하기 위한 최종 절차를 밟았다.

Keep your eyes wide open before marriage, and half shut afterwards.

> **124.** Supporters of the legislation remain hopeful that Congress will be able to ------- the reforms this year.
>
> (A) await　　　　　　(B) classify
> (C) enact　　　　　　(D) presume

await [əwéit] vt, vi. 기다리다, 대기하다 (= wait for) / 예상하다 (= expect)

> The police were *awaiting* me when I returned home. 귀가했을 때 경찰이 나를 기다리고 있었다.

classify [klǽsəfài] vt. 분류하다, 등급을 나누다 (= categorize, grade) / 기밀로 취급하다

> Students are *classified* according to major.
> 학생들은 전공에 따라 분류된다.
> **classified** a. 분류된 / (광고) 항목별의
> **classification** n. 분류, 등급 매김
> **class** n. 종류, 등급, 계급 / 학급 vt. 분류하다

enact [enǽkt] vt. (법으로) 규정하다, 제정하다 (= legislate, establish) / 실행하다

> Many states have *enacted* battered-child law.
> 많은 주에서 아동 학대 방지법을 제정했다.
> **enactment** n. (법률의) 제정 / 법규, 조례
> **enactive** a. 법률 제정권이 있는

presume [prizúːm] vt. 추정하다, 가정하다 (= assume, surmise) / 감히 ~하다

> If you do not come, I shall *presume* the deal is off. 당신이 오지않으면 거래가 깨진 것으로 추정하겠습니다.
> **presumption** n. 가정, 추측, 추정 / 주제넘음
> **presumptuous** a. 주제넘은, 뻔뻔한, 건방진

결혼 전에는 눈을 크게뜨고, 결혼 후에는 눈을 반쯤 감아야 한다 (배우자는 신중히 선택해야 하고, 일단 선택한 다음엔 상대방의 단점에 너그러워야 한다)

125. Try to talk to others who've found themselves in similar situations and _______ the most of your support system of friends.
   (A) become   (B) make
   (C) pay   (D) take

make[get] the most of ~   ~를 최대한 이용[활용]하다

You should face up the situation and *make the most of* it. 당신은 문제를 당당히 직시하고 그것을 최대한 활용해야 합니다.

similar [símələr] a. (to) 유사한, 비슷한, 닮은(= alike)

My problems are very *similar* to yours.
제 문제도 당신의 문제와 아주 비슷합니다.

similarity [sìməlǽrəti] n. 유사함, 닮음

situation [sìtʃuéiʃən] n. 상황, 상태, 환경(= state, circumstance) / 위치, 장소/ 지위, 일자리

We have to consider what to do in *situations* where there are many people involved.
우리는 많은 사람들이 관계된 상황에서 무엇을 해야할지 생각해야 한다.

The control center is *situated* many miles away.
관제소는 여러 마일이 떨어진 곳에 자리잡고 있다.

situate vt. 위치를 정하다, 자리를 잡다, 놓다

support [səpɔ́ːrt] vt. 지지하다, 후원[원조]하다 (= advocate) / 지탱하다 n. 지원, 후원

Several youth associations *supported* her nomination. 여러 청년 단체들이 그녀의 지명을 지지했다.

supporter n. 후원자, 지지자 / 지지물

Never marry for money. You can borrow it cheaper.

126. Your husband and children may feel
ambivalent about your return to work, but
don't be ________ back by their fear of change.
(A) brought   (B) cut
(C) gotten   (D) held

bring back 기억을 되살리다/ 다시 가져오다

Hypnosis can help *bring back* painful childhood
memories. 최면술은 어린 시절의 고통스러운 기억을 되
살려내는 데 도움을 줄 수 있다.

cut back 줄이다, 깎다, 감소시키다

The factory has *cut back* its work force by 50%.
그 공장은 인력을 50% 줄였다.

get back 되돌아가다 / 응답 전화를 하다

Let's *get back* to the argument.
아까 하던 이야기로 다시 돌아갑시다.
We should *get back* to work.
우리는 직장으로 돌아가야 한다.

hold back 망설이다/ 방해하다/ 감추다

Police have *held back* from going into a holy
place. 경찰은 성지에 들어가는 것을 망설였다.
Our economic recovery has been *held back* for
too long. 경제 재건이 너무나 오랫동안 지연되었다.
I was unable to *hold back* my surprise.
나는 놀라움을 감출 수 없었다.

ambivalent [æmbívələnt] a. 유동적인, 결정하지 못하는,
망설이는(= doubtful, dubious)

He was *ambivalent* about getting married.
그는 결혼에 대해 마음을 정하지 못했다.
ambivalence n. 유동성/ 동요, 주저

 돈을 위해 결혼하지 말아라. 더 쉽게빌릴 수 있는 방법이 있다.

127. Your natural _______ to unwelcome change may be one of denial and disbelief, but refusing to accept the inevitable won't help.
(A) amusement   (B) conviction
(C) evidence   (D) reaction

amusement [əmjúːzmənt] n. 즐거움, 재미 (= fun, entertainment) / 오락, 놀이

There was an *amusing* story in the paper this morning. 오늘 아침 신문에 재미있는 기사가 실렸다.

amuse vt. 즐겁게 하다, 재미나게 하다

amusing a. 즐거운, 재미있는, 유쾌한

conviction [kənvíkʃən] n. 신념, 확신(= creed) / 설득 / 유죄 판결, 선고(= sentence)

Nothing would budge him from his *conviction* that he could run a newspaper successfully.
그 어느 것도 신문사를 성공적으로 운영할 수 있으리란 그의 확신을 바꾸지 못할 것이다.

convict vt. 유죄를 판결하다, 죄를 깨닫게 하다

evidence [évidəns] n. 증거, 흔적 (= proof, symptom) vt. 증언하다, 입증하다

He gave no *evidence* for his statement.
그는 그의 진술에 대한 증거를 제시하지 못했다.

evident a. 분명한, 명백한

evidently ad. 분명히, 명백히

reaction [riːækʃən] n. 반응, 반작용 (= counteraction, reply) / 반항, 반발, 반동

Our *reactions* get slower as we get older.
나이를 먹어가면서 반응이 늦어진다.

react vi. 반작용하다, 반응하다 / 반대하다

Take a vine of a good soil, and the daughter of a good mother.

> **128.** When a friend gives you a present, she usually expects something _______ return: the compliment that you love the gift.
> (A) at   (B) by
> (C) for   (D) in

in return 그 대가로, 보답으로/ 그 대신에

I expect nothing *in return* except friendship.
우정 외에는 대가로 바라는 것이 없다.
You are to receive an award *in return* for your years of loyal service. 당신은 여러 해 동안 성실히 봉사한 대가로 상을 받을 것입니다.

in return for[to] ~ ~에 대한 대가로
make a return for ~ ~에 대한 은혜를 갚다 / ~에 대해 복수하다

by return (of mail) 받는 즉시, 우체국의 통보를 받는 즉시

The magazines will be sent to you *by return* of mail. 귀하의 편지가 도착하는 즉시 잡지가 발송될 겁니다.

compliment [kámpləmənt] n. 경의, 축사, 인사
(= tribute) vt. 찬사를 보내다/ 증정하다

She took his acceptance as a great *compliment*.
그녀는 그의 허락을 커다란 영예로 생각했다.
She is to be *complimented* for handling the situation so well. 그녀는 그 상황에 잘 대처한 것에 대해 찬사를 받아야 한다.
complimentary beverage (비행기 등에서 제공하는) 무료 음료

complimentary a. 칭챈[찬양]하는, 아첨하는/ 무료의

좋은 토양에서 자란 포도나무를 택하고 좋은 어머니 밑에서 자란 딸을 택하라.

129. You may discover that you enjoy their company more than you ________ thought.
(A) effectively　　　　(B) initially
(C) promisingly　　　　(D) swiftly

effectively [iféktivli] ad. 실제로, 사실상
(= actually) / 효과적으로 (= productively)
The illness of any one of them would *effectively* prevent all of them from going. 그들 중 어느 한 명의 병도 다른 사람들을 떠나지 못하게 막을 것이다.
effective a. 효과적인, 유효한 / 실제의, 사실의
effect n. 결과, 효과 vt. (변화를) 가져오다

initially [iníʃəli] ad. 처음에, 우선(= originally)
The land was *initially* zoned for a commercial development. 그 땅은 본래 상업 지역으로 지정되었었다.
initial a. 처음의, 최초의 n. 머릿글자
initiate [iníʃièit] vt. 시작하다 / 입문시키다

promisingly [práməsiŋli] ad. 유망하게, 가능하게, 믿음직스럽게 (= hopefully)
Julie Waters was voted 'most *promising* new actress, 1980'. Julie Waters는 1980년 가장 촉망받는 신인 여배우로 뽑혔다.
promising a. 유망한, 가능한, 믿음직한

swiftly [swíftli] ad. 신속히, 재빨리, 즉시 (= rapidly)
No one volunteered *swiftly*.
아무도 즉석에서 자원하지 않았다.
swift a. 날랜, 빠른, 순식간의 / 즉석의
swiftness n. 신속함, 빠름

Choose a wife by your ear rather than by your eye.

> **136.** Even though their job performance is not in question, many people feel guilty because their colleagues ------- in more hours at work.
>
> (A) give   (B) pull
> (C) put   (D) turn

give in 굴복하다, 양보하다 / 제출하다

We mustn't *give in* to threats.
우리는 위협에 굴복하지 말아야 한다.
I *gave in* my resignation.   나는 사직서를 제출했다.

pull in (차를) 멈추다 / (기차가) 역에 들어오다

I *pulled in* for gas.   나는 기름을 넣기 위해 차를 세웠다.
The train *pulled in* to the branch line station.
기차가 지선 정거장에 멈춰섰다.

put in 넣다, (시간 등을) 들이다 / 신청하다, 지원하다

She *put in* nine hours of overtime last month.
그녀는 지난달에 9시간의 시간외 근무를 했다.
He *put in* a request for a transfer.
그는 전근을 보내달라는 청원서를 냈다.

turn in (서류, 사표 등을) 제출하다, 내다

The draft you *turned in* needs to be edited for grammar.   당신이 제출하신 초고는 문법적으로 손볼 데가 있습니다.

아내는 눈으로 보다는 귀로 구하라.

131. His behavior shows he is willing to put aside his ego for the ________ of team spirit.
(A) affair   (B) appeal
(C) profit   (D) sake

for the sake of ~   ~를위해

She's just complaining *for the sake of* complaining. 그녀는단지 불평을 위한불평을 하고 있다.

They remained married *for the children's sake*. 그들은 아이들을 위해 결혼 생활을 계속하고 있다.

for one's sake   ~를 위해

affair [əfέər] n. 일, 용무, 사건/ 연애 사건

a man of *affairs* 실무가

A career in public *affairs* can be very rewarding. 공공부문에서 일하는 것은아주 보람있는 일이 될수 있다.

appeal [əpíːl] vt. 간청하다/ 항의하다/ 흥미를 끌다

n. 간청, 탄원/ 매력

He was *appealing* for funds to build a new school. 그는 새학교를 지을 자금을 호소하고있었다.

The idea of having enough money to retire is *appealing*. 은퇴하기에충분한 돈을 번다는 생각은 매력적이다.

make an appeal for ~   ~를요구하다

appealing a. 호소하는 듯한/ 매력적인

profit [práfit] n. 이익, 수익 (= revenue)

vt. 이익을 얻다 (= earn, gain)

They are reporting a fall in *profits* from last year. 그들은 작년부터 이익의 감소를 보고하고 있다.

profitable [práfitəbəl] a. 이익이 되는, 수지 맞는

Who marries for love without money, has good nights and sorry days.

> **132.** _______ the time and money spent picking a gift, we have a right to expect some gratitude.
> (A) Allowing (B) Besides
> (C) Given (D) So far as

allowing (that) ~ ~라 하더라도, ~이지만

Allowing he is the leader he can make a mistake.
그가 지도자이긴 하지만 그도 실수를 할 수 있다.

besides [bisáidz] prep. ~외에, ~에다가 또

ad. 게다가, 그밖에

There are many ways to study *besides* memorizing. 암기 외에도 공부하는 방법이 여러 가지 있다.
She was quite *beside* herself with enthusiasm.
그녀는 흥분으로 제정신이 아니었다.
beside prep. ~ 옆에[나란히] / ~를 벗어나
beside oneself 제정신이 아닌, 정신이 나간

given (that) ~ ~를 생각하면, ~를 감안하면

Given that he did so much of the fundraising, it seems cruel to exclude him from the banquet.
기금을 모으는 데 그가 한 많은 일들을 감안하면 만찬에서 그를 제외시킨 일은 잔인해 보인다.

so[as] far as ~ ~까지는 / ~에 대해서는

I'm not very knowledgeable *as far as* science goes. 나는 과학에 관한 한 별로 아는 게 없다.
You are an unusually talented performer *so far as* I can tell. 제가 아는 한 당신은 비상한 재주를 갖고 있는 연기자입니다.

  돈 없이 사랑을 위해 결혼한 사람에게는 행복한 밤과 불행한 낮이 있다.

133. My boss is on his way out, and it's clear that someone senior to me in the department is going to be his ________.
(A) emissary   (B) deputy
(C) subordinate   (D) successor

emissary [émǝsèri] n. 사자(使者), 밀사(= envoy, ambassador) / 밀정, 간첩

The Bishop sent an *emissary* to represent him at the Cardinal's funeral. 주교는 추기경의 장례식에 자신을 대신하는 사절을 보냈다.

emission n. 발사, 방출, 배출

emit [imít] vt. 발산하다, 배출하다, 내뿜다

deputy [dépjǝti] n. 대리인, 부관/ 대표자 a. 대리의, 부(副)의 (= associate, vice-)

He and his *deputy* had cooperated well. 그와 그의 부관은 손발이 잘 맞았다.

depute vt. 대리자로 하다 / 위임하다

subordinate [sǝbɔ́ːrdǝnit] a. 종속적인, 부하의 n. 부하(= assistant) vt. 하위에 두다/ 경시하다

All other questions are *subordinate* to this one. 다른 모든 질문들은 이 질문에 비하면 이차적이다.

successor ※ 문제 54번 참조

on one's[the] way 도중에, 진행중인/ ~에 임박한, ~에 가까워지는

A third book is *on its way*. 세 번째 책이 막 나오려 한다.

on one's[the] way out 사임[해임]이 가까운

Where there's marriage without love, there will be love without marriage.

> **134.** Some bosses feel uncomfortably vulnerable talking to their employees about their ＿＿＿＿＿＿ lives.
> (A) personal   (B) personate
> (C) personnel   (D) personally

personal [pə́ːrsənəl] a. 개인의 (= private) / 직접의 / 신상에 관한, 신체의 n. 인신공격

May I ask a *personal* question?
사적인 질문을 드려도 되겠습니까?

I am not comfortable discussing my *personal* life. 개인 생활에 대해 이야기하는 것은 불편합니다.

personally ad. 직접, 스스로 / 나 개인적으로는
personality [pəːrsənǽləti] n. 개성, 성격
personate [pə́ːrsənèit] vt. ~의 역을 하다, 분장하다, 연기하다

personnel [pəːrsənél] n. 직원, 인원(= staff) / (회사 등의) 인사부 a. 직원의

We don't have the *personnel* to do the service.
우리는 그런 서비스를 제공할 직원을 갖고 있지 않다.
I work in *personnel*. 저는 인사부에 근무합니다.

uncomfortable [ʌnkʌ́mfərtəbəl] a. 불쾌한, 거북한 / 귀찮은 (= embarrassing, irritating)

The silence made her *uncomfortable*.
침묵이 그녀를 불편하게 만들었다.

vulnerable [vʌ́lnərəbəl] a. 상처를 입기 쉬운, 취약한, 약점이 있는 (= unprotected)

The illness has left her *vulnerable* to further infection. 그 병으로 해서 그녀는 다른 병균에 감염될 위험이 높아졌다.

  사랑 없는 결혼이 있는곳에 결혼 없는 사랑이 있다.

135. If you don't want her hanging _______ in your house, don't invite her in very often.
(A) back
(B) on
(C) out
(D) up

hang back 망설이다, 주춤거리다 / 남다, 기다리다

The shy children *hung back*, afraid to approach him. 그 수줍은 아이들은 그에게 다가가기를 두려워하고 망설였다.

Often she *hung back* after classes to ask more questions. 자주 그녀는 질문을 더 하기 위해 수업 후에 남아 있곤 했다.

hang on 견디다 / 매달리다, 붙들다 / 기다리다

I only have to *hang on* until noon tomorrow.
나는 내일 정오까지만 버티면 된다.

We were both *hanging on* the side of the boat.
우리는 모두 배의 옆구리에 매달려 있었다.

Hang on for a moment please.
잠시만 기다려 주십시오

hang out 오래 머무르다 / (세탁물 등을) 널다

She doesn't *hang out* at the office.
그녀는 사무실에 오래 남아 있지 않는다.

Helen is in the backyard *hanging out* the laundry. Helen은 뒷마당에서 옷을 널고 있다.

hang up 전화를 끊다, 수화기를 내려놓다

"Talk to you later", he *hung up*.
"또 연락 하겠습니다"하고 그는 전화를 끊었다.

He teaches ill, who teaches all.

136. There are some people who check, and
_______ recheck, how they look compared
to everyone else.
(A) accordingly   (B) constantly
(C) conversely   (D) primarily

accordingly [əkɔ́ːrdiŋli] ad. 그러므로, 따라서/
어울리게

She was now a member of the club and
expected to be treated *accordingly*. 그녀는 이제
클럽의 회원이었고 그렇게 대우받기를 기대했다.
according as ~ conj. ~에 따라서
according to ~ prep. ~에 따라서

constantly [kánstəntli] ad. 항상, 계속해서, 끊임없이
(= continually, consistently)

The world around us is *constantly* changing.
우리를 둘러싼 세계는 끊임없이 변한다.
constant a. 변치 않는, 일정한

conversely [kənvə́ːrsli] ad. 반대로, 거꾸로
(= contrarily, reversely)

The *converse* opinion is also valid.
그 반대 의견도 역시 타당하다.
converse a. 반대의, 역(逆)의 n. 반대, 역

primarily [praimérəli] ad. 우선, 첫째로 (= first,
initially) / 주로, 근본적으로

Demographers are concerned *primarily* with
population studies. 인구통계학자들은 주로 인구에 대
한 연구에 관심을 갖고 있다.
primary a. 첫째의, 수위의 / 근본적인 n. 첫째, 제일

 누구나 가르치려는 사람은 잘 가르치지 못한다.

> **137.** The workplace runs on competition, but you
> should promise to _______ your best to treat
> each other decently.
>
> (A) do (B) make
> (C) pay (D) take

do one's best 최선을 다하다

They *did their best* to encourage him.
그들은 그에게 용기를 북돋아주기 위해 최선을 다했다.

There is nowhere else to go, so *make the best of*
it. 달리 갈 데도 없으니까 여기서 최대한 잘해봅시다.

make the best of ~ (좋지 않은 조건 속에서) ~를 최대
한 이용하다[견뎌내다]

workplace [wə́:rkplèis] n. 일터, 직장, 작업장

Keep your *workplace* clean.
작업장을 청결히 유지하십시오

promise [prámis] n. 약속(= assurance) / 희망

vt. 약속하다(= pledge) / 보증하다

The visitor turned up at noon, as *promised*.
손님은 약속했던 대로 정오에 나타났다.

promising a. 가망성 있는, 유망한

decently [dí:sntli] ad. 품위 있게, 점잖게 (= graciously,
courteously) / 친절히, 공평히

They only want the chance to live their lives
decently. 그들이 원하는 것은 명예롭게 살 수 있는 기회
뿐이다.

decent a. 예의 바른, 점잖은 / 친절한, 공평한

He that teaches himself has a fool for his master.

138. Most people don't feel comfortable --------
stuff about their salary, but they also don't
feel good about holding back.
(A) attaching　　　(B) combining
(C) concealing　　　(D) divulging

attach [ətǽtʃ] vt. 붙이다, 부착하다 (= bind) / 소속
시키다, 애착심을 갖게 하다(= join)
> You will find the report and appendices
> *attached.* 보고서와 부록들이 첨부되어 있습니다.

attachment　n. 부착, 접착 / 애정, 애착

combine [kəmbáin] vt. 결합[연합]시키다 (= link, blend
associate) / 겸하다, 겸비하다
> We would prefer to *combine* liberty with order.
> 우리는 자유와 질서를 결합시키기 원한다.

combination [kàmbənéiʃn] n. 결합, 조합, 연합

conceal [kənsíːl] vt. 숨기다, 비밀로 하다 (= hide,
disguise, screen)
> The robbery was videotaped on *concealed* cameras.
> 도둑질하는 장면이 숨겨진 카메라에 녹화되었다.

concealment　n. 숨김, 은폐

divulge [divʌ́ldʒ] vt. 누설하다, 밝히다/ 폭로하다
(= disclose, reveal)
> I will never *divulge* the information.
> 절대로 그 정보를 공개하지 않을 것이다.

divulgation [divəlgéiʃn] n. 폭로, 누설

 스스로를 가르치는 사람은 바보를 선생으로 모신 것과 같다.

139. The only time you need warn a friend about a rumor is if he or she would be ________ by the gossip.

(A) prevented　　　　(B) devastated
(C) installed　　　　(D) spread

prevent [privént] vt. 막다, 방해하다(= hinder) / 예방하다(= preclude)

Rubber gloves will *prevent* painful drying and chafing of the skin. 고무 장갑은 피부가 아프게 트고 벗겨지는 것을 막아줄 것이다.

prevention n. 방지, 예방
preventive a. 예방하는, 방지하는

devastate [dévəstèit] vt. 황폐시키다, 큰 피해를 주다 (= destroy, desolate) / 놀라게 하다

The tornado *devastated* corn crops in Kansas. 토네이도는 Kansas주의 옥수수 수확을 망쳐놓았다.

devastation n. 황폐, 유린, 참화, 파멸

install [instɔ́:l] vt. 설치하다, 가설하다, 장치하다 (= establish) / 취임시키다

They *installed* an air conditioner today. 그들은 오늘 에어컨을 설치했다.

As head of department he *installed* a young man named Briceland. 그는 부서장으로 Briceland 라는 이름의 젊은 사람을 임명했다.

installation n. 설치, 설비 / 취임, 임명

spread [spred] (p, pp. spread) vt. 펼치다 / 퍼뜨리다 n. 퍼짐, 전개 / 침대 시트 / 대형 광고 a. 펼쳐진, 퍼진

I had no part in *spreading* the rumors. 나는 그 소문을 퍼뜨린 일과 관련이 없다.

He that deceives me once, shame fall him; if he deceives me twice, shame fall me.

> **146.** _______ focusing on why the request is so important for you, stress how it will benefit your customer.
>
> (A) All over   (B) Away from
> (C) Instead of   (D) Up to

all over ~   ~에 온통, 온 ~에

Dolly told the Captain, and it was *all over* the ship in no time.   Dolly는 선장에게 말했고 그것은 곧 배안에 쫙 퍼졌다.

away from ~   ~로부터 멀리

I tried to keep as far *away from* people as possible.   나는 가능한 한 사람들로부터 멀리 떨어져 있고자 노력했다.

instead of ~   ~대신에, ~는커녕

They were given shares of company stock *instead of* a raise.   그들은 임금 인상 대신 회사의 주식을 나누어 받았다.

I'll change the teleconference to eleven o'clock *instead of* three o'clock if it's more convenient. 만약 더 편하시다면 원격 회의 시간을 3시에서 11시로 옮기겠습니다.

up to ~   ~까지/ ~에 나란히, ~에 필적하는/ ~의 책임인, ~가 담당하는

Savings *up to* 65% are obtainable.
65%까지 절약하는 것이 가능하다.

The work isn't *up to* the standard I require.
그 작품은 내가 요구한 기준에 못 미친다.

I am going to leave the final decision *up to* you.
마지막 선택은 당신에게 맡기겠습니다.

 한 번 속았다면 속인자가 부끄러워 할 일이다, 두 번 속았다면 속은자가 부끄러워 할 일이다,

141. When you make your request, don't beat around the bush but clearly ________ out what you want.
    (A) grumble   (B) mutter
    (C) spell   (D) voice

grumble [grʌ́mbəl] vi. 불평하다 / 중얼거리다, 끙끙대다 (= complain, moan)　n. 불평, 불만

She might *grumble* if you give her another assignment. 또 다른 일을 맡긴다면 그녀는 불평할지도 모른다.

mutter [mʌ́tər] vi. 중얼거리다 (= grumble) vt. 속삭이다, 투덜대다　n. 중얼거림

They *muttered* under their breath in case anyone was listening. 다른 사람이 들을 수도 있기 때문에 그들은 작은 소리로 속삭였다.

spell [spel] vt. ~라고 철자하다 / 판독하다

Could you *spell* the last part again? 끝부분의 철자를 말씀해 주시겠습니까?

Let me *spell* out what I mean by that. 그게 무슨 뜻인지 분명히 말씀 드리겠습니다.

spell out 한자 한자 말하다 / 분명히 말하다
spelling n. 철자(법)

voice [vɔis] n. 목소리, 음성 / 발언(권)　vt. 목소리를 내다, 표현하다 (= vocalize)

He *voiced* his concerns to the commission. 그는 위원회에 그의 관심사를 밝혔다.

beat around[about] the bush 돌려 말하다, 중언부언하다 / 덤불을 두드려 동물을 쫓다

He that stumbles twice over one stone, deserves to break his shins.

---

142. Pick three or four distinct points about yourself and _______ each succinctly to a criterion for the job during the interview.

(A) command   (B) distinguish

(C) lessen   (D) relate

---

command [kəmǽnd] vt. 명령하다/ 조망하다/ 마음대로쓰다 n. 명령/ 구사력/ 조망

They *commanded* the hostages to lie down. 그들은 인질들에게 드러누우라고 명령했다.

commander n. 지휘관, 사령관

distinguish [distíŋgwiʃ] vt. 구별하다(= discern) / 눈에띄게 하다(= notice)

John, who was color-blind, couldn't *distinguish* between brown and red. 색맹이었던 John은 갈색과 적색을 구분할 수 없었다.

distinguish ~ from … ~를 …와 구별하다

distinguished a. 눈에 띄는, 현저한 (= eminent)

lessen [lésn] vt. 작게 하다, 줄이다 (= diminish, reduce) vi. 작아지다 (= decrease)

Wearing a seat belt *lessens* the risk of serious injury. 안전벨트 착용은 중상의 위험을 줄여준다.

relate [riléit] vt. 관련시키다 vi. (to) 관계가 있다

I have a query that *relates to* the topic under discussion. 지금 논의되고 있는 문제와 관련된 질문이 하나 있다.

relate ~ to[with] … ~와 …를 관련시키다

relation n. 관계, 관련

relative n. 친척, 인척 a. 비교의, 상대적인

 같은 돌에 두 번이나 걸려넘어진 사람은 무릎이 깨져도 싸다.

143. The best way for your salary to ------- up with your responsibilities is to ask your superior to regularly reevaluate your job.

(A) catch
(B) come
(C) keep
(D) put

catch up with ~ ~를 뒤쫓다, ~를 따라잡다

We are only concerned with *catching up with* our competitor. 우리는 경쟁자를 따라잡는 일에만 관심이 있다.

come up with ~ ~를 생각해내다

I need to *come up with* a solution before Monday. 나는 월요일 전에 해결책을 찾아내야 한다.

It didn't take her long to *come up with* a very convincing example. 그녀가 매우 설득력 있는 예를 생각해내는 데는 시간이 별로 걸리지 않았다.

keep up with ~ ~에 뒤떨어지지 않다, ~와 어깨를 나란히 하다 / ~와 계속 연락하다

They couldn't *keep up with* the larger, more powerful companies. 그들은 더 크고 강한 기업과 어깨를 나란히 할 수 없었다.

I've *kept up with* Bill despite the distance between us. 둘 사이의 거리에도 불구하고 나는 Bill과 연락을 유지했다.

reevaluate [rìːivǽljuèit] vt. (가치를) 재평가하다

He was asked to *reevaluate* the situation. 그는 그 상황을 재평가해 달라는 부탁을 받았다.

evaluate vt. (가치를) 평가하다

evaluation n. 평가

Don't put all your eggs in one basket.

> **144.** When they decided to start a family, she agreed to _______ up her job as a hospital administrator to take care of the children.
> (A) clean   (B) give
> (C) hold   (D) tear

clean up 청소하다, 깨끗이 하다
Don't worry. I'll *clean up* the mess.
걱정하지 마세요. 제가 그 쓰레기를 치우겠습니다.

give up 그만두다/ 단념하다, 포기하다
She never completely *gave up* hope.
그녀는 절대로 완전히 희망을 버리지 않았다.
People should *give up* their bus seats for the elderly and infirm. 버스에서는 노약자에게 자리를 양보해야 한다.

hold up 들어올리다, 집어들다/ 방해하다, 제지하다, 지연시키다
I'm sorry I'm late. I was *held up* at work.
늦어서 죄송합니다. 일이 늦게 끝났습니다.

tear up 조각조각 내다, 찢어발기다/ 파기하다
She *tore up* the letter and threw it out of the window. 그녀는 편지를 갈기갈기 찢어 창 밖으로 던져버렸다.

take care (of ~) (~를) 돌보다/ (~를) 처리하다, 맡다/ 조심하다
She *takes* excellent *care of* my children.
그녀는 내 아이들을 아주 잘 돌본다.
Let him *take care of* his own problems.
그가 자신의 문제를 알아서 처리하도록 내버려두십시오.

 모든 계란을 한 광주리에 담지 마라(지나친 위험을 피하라).

145. Children in day care do well mentally and emotionally as ________ as their family environment is loving and stable.
(A) good
(B) long
(C) soon
(D) well

as good as ~   ~와 같은 ~에 못지않은
Without her glasses she was *as good as* blind.
안경이 없으면 그녀는 장님과 마찬가지이다.

as long as ~   ~인 한, ~인 동안은
Detergent cannot harm a fabric, *as long as* it has been properly dissolved.   적절히 용해되었다면 세제는 섬유에 해를 끼치지 않는다.

as soon as ~   ~하자마자
I woke up *as soon as* the alarm next to my bed went off.   나는 침대 옆에 놓아둔 자명종이 울리자마자 일어났다.

~ as well as ⋯   ⋯뿐만 아니라 ~도
It has symbolic *as well as* economic significance.
그것은 경제적 중요성과 함께 상징적 중요성을 갖고 있다.

mental [méntl] a. 마음의, 정신의 (= psychological) / 정신 질환의

mental disease[disorder]   정신 질환
All humans have some kind of innate *mental* ability.   모든 인간에겐 어느 정도의 타고난 지적 능력이 있다.

mentally ad. 정신적으로 / 지적으로
mentality [mentǽləti] n. 정신력, 지성, 정신

The mouse that has but one hole is quickly taken.

146. Be aware of when your company's --------
year begins and negotiate your raise well
before the budget is set in stone.

(A) accountant   (B) economic
(C) fiscal   (D) fund

economic [ì:kənámik] a. 경제의, 경제상의

The recent *economic* downturn in Asia is great
cause for concern. 근래 아시아에서 발생한 경기 침체
는 큰 우려를 낳고 있다.

economical a. 경제적인, 실속 있는, 절약하는
economy n. 경제 / 절약 a. 값싼, 경제적인
economics n. 경제학

fiscal [fískəl] a. 국고의 / 재정의, 회계의 (= monetary,
financial)

fiscal year 회계 연도, (기업의) 사업 연도

Production fell by an unprecedented 50% during
the last *fiscal* year. 지난 회계연도에는 생산이 사상 최
초로 50%나 감소했다.

fund [fʌnd] n. 자금, 기금 vt. 자금을 대다, 투자하다
(= finance, support)

There aren't enough *funds* for the project
anymore. 더 이상 그 사업에 쓸 수 있는 충분한 자금이
없습니다.

negotiate [nigóuʃièit] vt. 협상하다, 협의하다 (= bargain)

The two sides *negotiated* for over a week to
reach the Wye River Accord. 양측은 Wye River
합의에 이르기 위해 일주일 이상 협상을 벌였다.

negotiation n. 협상, 절충, 교섭
negotiable a. 협상할 수 있는, 절충할 수 있는

 한 개의 구멍만 갖고 있는쥐는 쉽게 잡힌다.

> **147.** Set _______ an aggressive performance plan and then make sure you do it.
>
> (A) aside   (B) back
>
> (C) by   (D) out

set aside 남겨두다/ 무시하다, 거절하다

Set aside an hour to complete this work.
이 작업을 마치기 위해 한 시간을 남겨두십시오.
Let's *set aside* our differences and cooperate.
우리 사이의 차이점은 접어두고 서로 협력합시다.

set back 지연시키다, 방해하다

The strike has *set* production *back* by two days.
파업으로 인해 생산이 이틀 늦어졌다.

set by 떼어두다, 저축하다

The government *set by* thirteen percent of the money for health and education. 정부는 그 자금의 13%를 보건과 교육을 위해 비축했다.

set out 출발하다, 착수하다/ (계획을) 마련하다, 준비하다

He *set out* early for home. 그는 일찍 집으로 떠났다.
The dining room was *set out* for the wedding.
그 만찬장은 결혼식을 위해 꾸며졌다.

aggressive [əgrésiv] a. 공격적인, 침략의/ 적극적인, 진취적인(= determined)

U.S. business finds itself challenged by *aggressive* overseas competitors. 미국의 기업들은 적극적인 해외 경쟁자들에 의해 도전받고 있음을 깨달았다.

aggress vt. 싸움을 걸다, 공격하다

aggression n. 공격, 싸움, 침략

Look to yourself when your neighbor's house is on fire.

> **148.** Proving to your manager that you really are
> ──────── is one of the most effective ways
> to negotiate an increase.
> (A) unpaid   (B) prepaid
> (C) repaid   (D) underpaid

unpaid [ʌ̀npéid] a. 돈을 안 받는 무급의 / 지급되지 않은
미납의

I'm an *unpaid* assistant now.
나는 현재 보수가 없는 조수이다.
The debt remains *unpaid*.
그 빚은 상환되지 않은 채로 있다.

prepaid [pri:péid] a. 선금으로 낸, 미리 지급한
The room has been *prepaid*. 방값은 미리 지불되었다.
Prepay a reply to the telegram.
전보와 함께 반신료를 선불하십시오.
prepay vt. 선불하다, (요금 등을) 미리 내다

repay [ri:péi] vt. 갚다, 반환하다(= refund) / 보답하다
(= compensate) / 보복하다

They ordered him to *repay* the money to the
State. 그들은 그에게 그 돈을 정부에 갚으라고 명령했다.
repayable a. 갚아야 할
repayment n. 변제 / 보답 / 보복

underpaid [ʌ̀ndərpéid] a. 박봉의, 보수가 낮은
He was *underpaid* for last month.
그는 지난달 급료를 부족하게 받았다.
underpay vt. 낮게 지불하다, 박하게 지불하다

 네 이웃의 집에 불이 났을 때 네 자신의 집을 살펴라.

147. Human resources departments often set salary ranges based on compensation surveys they buy from companies that _______ in such research.

(A) check   (B) fit
(C) major   (D) specialize

check in (호텔, 공항 등에) 투숙하다, 탑승수속을 밟다, 체크인하다, (짐을) 맡기다

I *checked in* at Gordon Hotel.
나는 Gordon Hotel에 투숙 했다.
You have to *check in* by 12:30.
12시 30분까지는 탑승 수속을 밟아야 합니다.

fit in ~   ~에 맞추다, ~에 들어맞다 / 껴넣다

Veterans found it difficult to *fit in* upon their return from Vietnam. 제대 병사들은 베트남에서 돌아왔을 때 적응하기 힘들다는 것을 알게 되었다.
I can *fit* you *in* on the 9th show.
9일 공연에 예약해 드릴 수 있습니다.

major in ~ (대학에서) ~를 전공하다

She hopes to *major in* literature.
그녀는 문학을 전공하고 싶어한다.

specialize [spéʃəlàiz] vi. (in) 전문으로 하다, 전공하다
vt. 전문화하다 / 한정하다

David intends to *specialize* in chaos theory when he leaves next year. David는 내년에 졸업하면 카오스 이론을 전공할 생각이다.
specialization n. 전문 분야 / 한정, 특수화
special a. 특별한, 특수한 / 전문의

Every horse thinks its own pack heaviest.

150. Keep inviting her to do things with you, which will ─────── that you value her company.
(A) affirm (B) anticipate
(C) contradict (D) entail

affirm [əfə́ːrm] vt. 확인시키다, 긍정하다, 단언하다
(= assert, attest)
'Not yet, but it will.' he *affirmed*.
'아직 아니지만 그렇게 될 거야' 하고 그가 확인해 주었다.
affirmation n. 단언, 긍정, 확인
affirmative a. 확인하는, 긍정적인

anticipate [æntísəpèit] vt. 예상하다, 예기하다, 기대
하다(= foresee, expect)
Income rose faster than *anticipated*.
예상했던 것보다 빨리 소득이 증가했다.
anticipation n. 예상, 예감, 기대
anticipant [æntísəpənt] a. 예상하는, 기대하는

contradict [kàntrədíkt] vt. 부인하다, 반박하다
(= deny, dissent) / 모순이 되다
There is a mass of evidence which *contradicts*
this idea. 이 생각에 모순되는 많은 증거들이 있다.
contradiction n. 부정, 부인 / 모순
contradictory [kàntrədíktəri] a. 모순되는

entail [entéil] vt. (결과를) 일으키다, 남기다, 수반하다/
필요로 하다 n. 상속
Making the movie *entailed* tremendous
preparation. 그 영화의 제작에는 어마어마한 준비가 필
요했다.

 모든 말이 자신의 짐이 가장 무겁다고 생각한다.

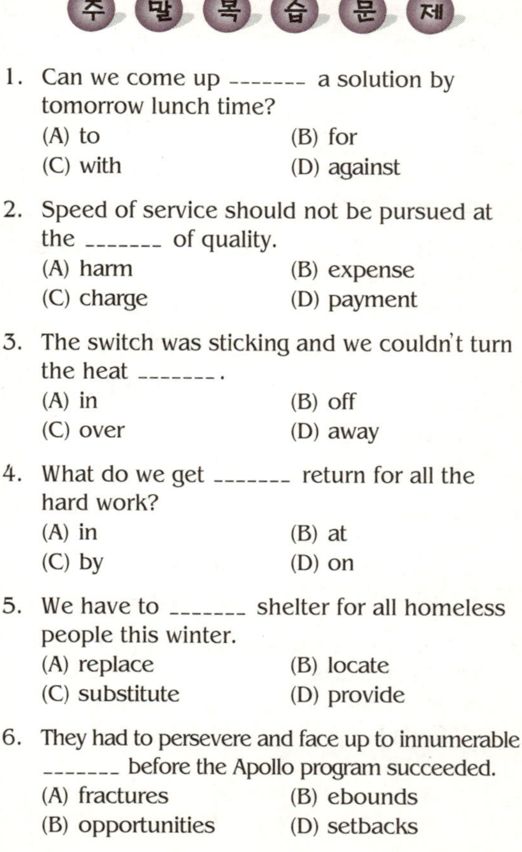

주 말 복 습 문 제

1. Can we come up ------- a solution by tomorrow lunch time?
   (A) to   (B) for
   (C) with   (D) against

2. Speed of service should not be pursued at the _______ of quality.
   (A) harm   (B) expense
   (C) charge   (D) payment

3. The switch was sticking and we couldn't turn the heat _______ .
   (A) in   (B) off
   (C) over   (D) away

4. What do we get _______ return for all the hard work?
   (A) in   (B) at
   (C) by   (D) on

5. We have to _______ shelter for all homeless people this winter.
   (A) replace   (B) locate
   (C) substitute   (D) provide

6. They had to persevere and face up to innumerable _______ before the Apollo program succeeded.
   (A) fractures   (B) ebounds
   (B) opportunities   (D) setbacks

7. Where have you been _______ Italy and
   Swiss?
   (A) given   (B) thus far
   (C) besides   (D) so far as

8. He is a criminal with no morals and should
   be treated _______ .
   (A) accordingly   (B) evidently
   (C) constantly   (D) ambivalently

9. How is Chris _______ along with his special
   assignment?
   (A) making   (B) having
   (C) taking   (D) getting

10. New York is fondly _______ to as the big
    apple.
    (A) called   (B) referred
    (C) reported   (D) described

11. Our boss _______ the work to us because he
    was pressed by too many projects.
    (A) revoked   (B) employed
    (C) delegated   (D) arbitrated

12. _______ to the letter to Dr. Hampton was a
    list of his theses.
    (A) Attached   (B) Combined
    (C) Caught   (D) Coupled

13. What we need is a bright idea that should make up _______ our lack of resources.
    (A) of   (B) to
    (C) with   (D) for

14. The hugh leading manufacturer tries not allow newcomers to _______ up with it.
    (A) bring   (B) become
    (C) come   (D) catch

15. Considering our tight schedule, we should _______ the most of the time we have.
    (A) take   (B) try
    (C) make   (D) act

4th Week

> **151.** I can only imagine her pain but empathize it
> ------- .
>
> (A) altogether　　　(B) likewise
> (C) nevertheless　　(D) overall

altogether [ɔ̀ːltəgéðə*r*] ad. 모두, 전부(= entirely, completely) / 요컨대

The storm was *altogether* over.
폭풍이 완전히 지나갔다.

We are not *altogether* happy with your behavior. 당신의 행동에 우리가 모두 만족해 하는 것은 아닙니다.

likewise [láikwàiz] ad. 마찬가지로, 똑같이 / 또한, 게다가 (also)

There is a different set of values in operation in Malaysia, *likewise* in Indonesia. 인도네시아와 마찬가지로 말레이시아에는 경영에 대한 독특한 가치 체계가 있다.

nevertheless [névərðəlés] ad. 그렇지만, 그럼에도 불구하고 (= yet)

He was severely injured. *Nevertheless*, he attempted to help the other passengers. 그는 심한 부상을 당했다. 하지만 그는 다른 승객들을 도우려고 했다.

overall [óuvərɔ̀ːl] ad. 전체적으로, 종합적으로 (= generally) a. 전부의, 종합적인 (= general)

Overall, sales performance is steady at present.
전체적으로 볼 때, 현재의 판매 활동은 안정되어 있다.

Neither beg of him who has been a beggar, nor serve him who has been a servant.

> **152.** At tollbooths, or wherever there are long
> lines of traffic that have to merge, I ________
> a point of letting one car in front of me.
> (A) give　　　　　　　(B) have
> (C) keep　　　　　　　(D) make

make a point of ～ 반드시 ～하다, 마음먹고 일부러
～하다(= make it a point to do)

I'm going to *make a point of* speaking to him
tonight.　오늘밤 꼭 그와 통화하려 한다.

I *make it a point to* be polite no matter what the
provocation.　나는 아무리 화나는 일이 있어도 반드시
예의를 지키려 한다.

tollbooth [toulbú:θ] n. 통행료 징수소 (= tollgate)

There is a *toll* system in operation throughout
the city.　그 도시 전역에는 통행료 제도가 시행되고 있다.

toll n. 통행세, 통행료　vt. 사용 요금을 받다

merge [mə́:rdʒ] vt. 합병하다, 합치다(= blend, integrate)
vi. 섞이다, 융합되다

The two roads *merge* here.　두 길이 여기서 합쳐집니다.

A *merger* with a stronger business might
become necessary if we don't become more
competitive.　우리의 경쟁력이 강화되지 않으면 더 강한
기업과의 합병이 필요해질 수 있다.

merger n. (회사 등의) 합병, 합동

in front of ～ ～의 앞에(서)

The limousine pulled up *in front of* the hotel.
그 리무진은 호텔 앞에서 멈추어 섰다.

그 자신이 거지였던 이에게 구걸하지 말고, 그 자신이 하인이었던 이
를 주인으로 삼지 말아라.

153. Work is like a second home, and even if you don't like your job, you become _______ to the routine.
   (A) accustomed (B) frigid
   (C) tedious (D) unconcerned

accustomed [əkʌ́stəmd] a. 익숙한 / 습관의
(= habitual, routine)

My eyes became *accustomed* to the dim light.
내 눈이 희미한 불빛에 익숙해졌다.
become[get] accustomed 익숙해지다
accustom vt. 익숙케하다, 습관이 들게 하다

frigid [frídʒid] a. 추운, 혹한의 / 냉담한, 쌀쌀한, 무뚝뚝한
(= indifferent, frosty, stiff)

There was a *frigid* atmosphere at the party.
그 파티에는 냉랭한 분위기가 감돌았다.
frigidity n. 추위 / 냉담함, 무뚝뚝함

tedious [tíːdjəs] a. 지루한, 싫증나는 (= dull,
monotonous) / 끈질긴

The lecture was *tedious* and overlong.
그 강의는 너무 길고 지루했다.
tedium [tíːdjəm] n. 싫증, 지루함

unconcerned [ʌ̀nkənsə́ːrnd] a. 걱정하지 않는, 태연한,
무관심한 (= apathetic, indifferent)

They give the impression of being detached
and *unconcerned*. 그들은 초연하고 무관심한 인상을
준다.
unconcern n. 무관심, 태연

An ill servant will never be a good master.

> **154.** When you're fired, it can be an unsettling experience, -------- your self-confidence and sense of belonging.
> (A) confirming   (B) convincing
> (C) gratifying   (D) shaking

confirm [kənfə́ːrm] vt. 확실히 하다, 확인하다 (= affirm, settle) / 승인하다

I *confirmed* my whereabouts on the night of the murder to the detective. 나는 형사에게 살인이 있던 날 저녁에 내가 어디 있었는지 확인시켜 주었다.

confirmation n. 확정, 확립, 확인, 인가

convince [kənvíns] vt. 확신시키다 (= assure) / 깨닫게 하다, 납득시키다 (= persuade)

These experiences served to *convince* me of the drug's harmful effects. 이 경험들은 나로 하여금 마약의 해악을 확신하게 해주었다.

convincement n. 확신 / 납득

gratify [grǽtəfài] vt. 기쁘게 하다, 만족시키다 (= satisfy)

I am *gratified* that you place so much trust in me. 저를 그토록 믿어주셔서 감사합니다.

gratifying a. 즐거운, 만족시키는
gratification n. 만족, 희열

shake [ʃeik] (shook, shaken) vt. 흔들다, 휘두르다 (= tremble) n. 동요, 흔들림

The rise in crime has *shaken* my confidence in the police. 범죄의 증가는 경찰에 대한 내 신뢰를 약하게 했다.

shaking a. 벌벌 떠는 n. 동요, 진동

 일을 잘 못 했던 하인이 훌륭한 주인이 될 수 없다.

155. To be _______, we found that a person must appear both competent and likable.
  (A) persuade   (B) persuasive
  (C) persuasion   (D) persuasible

persuade [pə(:)*r*swéid] vt. 설득하다 (= induce) / (of) 납득시키다, 믿게 하다(= convince)

Marsha was still trying to *persuade* Posy to change her mind. Marsha는 아직도 Posy가 마음을 바꾸게 하려고 설득하고 있다.

His persistence *persuaded* me to accept the job. 그의 끈질김 때문에 나는 그 일자리를 수락하도록 설득되었다.

persuasion [pə(:)*r*swéiʒən] n. 설득(력) / 확신, 신념, 신앙(= belief)

No amount of *persuasion* could convince her. 아무리 설득해도 그녀를 납득시킬 수 없을 것이다.

He doesn't have any particular religious *persuasion*. 그는 특별한 종교적 신앙을 갖고 있지 않다.

persuasible [pə(:)*r*swéisəbl] a. 설득시킬 수 있는 말을 잘 듣는(= persuadable)

The old man don't look *persuasible*. 그 노인은 잘 설득당할 것 같지 않다.

persuasive [pə*r*swéisiv] a. 설득을 잘하는, 설득력 있는 (= cogent, convincing) n. 동기

His arguments were very *persuasive*. 그의 주장은 매우 설득력이 있었다.

Still waters run deep.

156. To _______ others' faith in you, seek out situations in which you can prove that you can be trusted.
(A) conspire   (B) instill
(C) intrude   (D) shift

conspire [kənspáiər] vi. 공모하다, 음모를 꾸미다
(= intrigue, scheme) / 협력하다
> They are continually *conspiring* to beat me.
> 그들은 나를 해치기 위해 끊임없이 음모를 꾸미고 있다.

conspiracy n. 공모, 모의, 음모
conspirator n. 공모자, 음모자

instill [instíl] vt. 주입시키다, 스며들게 하다 (into, in)
(= implant) / 조금씩 가르치다
> I consider it important to *instill* a pride in the player. 나는 선수들에게 자긍심을 불어넣어 주는 게 중요하다고 생각한다.

instillation n. 주입, 스며듦

intrude [intrú:d] vt. 밀어넣다, 강요하다
vi. (on, upon) 침입하다, 간섭하다 (= interfere)
> Please don't *intrude* into my private life.
> 제 사생활에 끼여들지 마십시오.

intrusion n. 강요 / 방해, 침입
intrusive a. 강제하는 / 방해하는, 침입하는

shift [ʃift] vi. 이동하다, 자리를 옮기다
vt. 이동시키다, 바꾸다 n. 변천, 변이
> Their interest *shifted* to the television.
> 그들의 관심은 TV로 옮겨갔다.

shifting a. 이동하는, 변하는 / 술책을 쓰는

 잔잔한 물이 깊다.

157. If the ________ is only for labor, customers have to pay for any parts needed for the repair.

(A) authority (B) convention
(C) sanction (D) warranty

---

authority [əθárəti] n. 권위(자), 권력(= supremacy) / 당국, 관청, 관계자

You have no *authority* to arrest this man without any evidence. 당신은 증거도 없이 이 사람을 체포할 권한이 없습니다.

authorize vt. 권한을 주다/ 인가[허가]하다
authorization n. 권한부여, 공인, 허가

convention [kənvénʃən] n. 집회, 회의(= assembly) / 협정, 협약/ 전통, 관습(= custom)

He never cared much for *convention*. 그는 결코 관습을 중시하지 않았다.

conventional a. 전통적인 / 협정의 / 집회의

sanction [sǽŋkʃən] n. 허가, 인가/ (-s) 제재 vt. 재가[인가]하다 (= approve, authorize)

A few months later our proposal was given official *sanction*. 몇 달 후 우리의 제안은 공식적인 인가를 받았다.

take sanctions against ~ ~에 제재를 가하다
sanctionless a. 인가받지 않은/ 제재가 없는

warranty [wɔ́rənti] n. 보증(서), 담보(= guarantee, assurance)

My camcorder has two years *warranty*. 내 캠코더는 2년 동안 품질보증이 되어 있다.

warrant n. 보증 vt. 보증[보장]하다

Beware of a silent man and still water.

> **158.** Your messy desk can be taken as a sign of
> -------- thinking.
> (A) assentient　　　　(B) disorderly
> (C) indicative　　　　(D) plane

assentient [əsénʃiənt] a. 동의의, 찬성하는
(= agreeing, approving) n. 동의자, 찬성자
They all gave their wholehearted *assent* to the
plan. 그들은 모두 그 계획에 전적으로 찬성했다.
assent　vi. (to) 동의[찬성]하다 n. 동의, 찬성
with one assent　만장일치로

disorderly [dizɔ́:rdərli] a. 무질서한, 난잡한, 혼란스러운
(= untidy, confused)
The police attempted to disperse the *disorderly*
crowd. 경찰은 무질서한 군중을 해산시키려 시도했다.
disorder　n. 무질서, 혼란 vi. 어지럽히다

indicative [indíkətiv] a. 지시하는, 나타내는/ 직설법의
(= denotative, expressive)
Indicative of the confusion was the fact that no
one knew where the meeting point was.
아무도 만나는 장소를 몰랐다는 사실은 혼동이 있었다는 것
을 나타낸다.
indicate　vt. 가리키다, 지적하다, 표시하다
indication　n. 지시, 지적, 표시/ 암시
indicator　n. 지시자, 표시자

plane [plein] a. 편평한, 평탄한 (= flat, level)
n. 평면/ 비행기 vt. 편평하게 하다
I stretched out the sheet until it was *plane*.
나는 침대보가 편평해지도록 폈다.

 말없는 사람과 잔잔한 물을 조심하라.

> **159.** Hostile or aggressive drivers can be as great a _______ on the road as those who actually lack driving skills.
>
> (A) alert (B) boundary
> (C) hazard (D) trap

alert [ələ́:rt] n. 경계, 경보 vt. 경계시키다 (= warn, caution) a. 방심 않는 기민한

John was *alert* to the possibility of injury when playing. John은 경기 도중에 부상을 당할 위험이 있다는 것을 경계하고 있었다.

We have to *alert* them to the coming offensive. 우리는 그들에게 다가오는 공격을 경고해야 한다.

boundary [báundəri] n. 경계, 한계, 범위

Stay within the *boundary* marked in white. 흰색으로 칠해진 경계선 안에 머무십시오.

bound n. 경계, 한계 vi. 튀다, 퉁기다

hazard [hǽzərd] n. 위험 (= danger, jeopardy) / 모험 vt. 위태롭게 하다 / 모험하다

He was absolved from any accusation of *hazarding* the health of his crew. 그는 승무원들의 건강을 위태롭게 했다는 모든 혐의를 벗었다.

hazardous [hǽzərdəs] a. 위험한, 모험적인

trap [træp] n. 덫, 올가미 (= net, snare) vt. 덫을 놓다, 함정에 빠뜨리다 (= entangle)

They *trapped* me into committing the crime by using blackmail. 그들은 공갈을 통해 내가 그 범행을 저지르도록 몰아갔다.

trapper n. 덫을 놓는 사람, 사냥꾼

Dumb dogs are dangerous.

> **166.** Those who used a _______ speaking style
> - voice raised and finger pointed, didn't
> appear to be persuasive.
> (A) attentive　　　　(B) dominant
> (C) inert　　　　　　(D) obedient

attentive [əténtiv] a. 주의깊은 세심한 (= alert, earnest) / 상냥한 (= courteous)

He was watching the lecture *attentively* when I arrived. 내가도착했을 때 그는 강의를주의 깊게 듣고 있었다.

attention n. 주의 / 돌봄, 배려 / (軍) 차례

dominant [dámənənt] a. 지배적인, 우세한 (= ruling) / 오만한, 뽐내는 (= authoritative)

The United States is a *dominant* force in global politics today. 미국은 오늘날 세계의 정치에서 지배적인 힘을 갖고 있다.

dominate vt. 지배[통치]하다 vi. 위압하다
domination n. 지배, 우월

inert [iná:rt] a. 활발하지 못한, 생기 없는 n. 둔한 사람

I carried her, still *inert*, up the stairs to my room. 나는아직도 움직이지 않는 그녀를 내 방으로 옮기기 위해 계단 위로 올라갔다.

inertia [iná:rʃiə] n. 무력함 / 관성

obedient [əbí:djənt] a. (to) 순종하는, 고분고분한, 말을 잘 듣는 (= submissive, yielding)

She was an *obedient* girl.
그녀는 말을 잘 듣는소녀였다.

obedience n. 복종, 순종
obey vt. 복종하다, 따르다

 짖지 않는 개가무섭다.

> **161.** It _______ without saying that you should keep careful records of your projects, reports, sales figures, or revenue statistics.
> (A) goes (B) leaves
> (C) passes (D) runs

go without saying (that ~) (~임은) 말할 필요가 없다, 분명하다

It *goes without saying that* I appreciate all that you've done. 당신이 해주신 모든 일에 감사하고 있음은 말할 필요도 없습니다.

There is no saying what could happen next. 다음에 무슨 일이 있을지는 알 수 없다.

there is no saying ~ ~는 알 수 없다

keep a record 기록을 남기다, 자료를 보관하다

Keep a record of all comings and goings. 들어오고 나가는 것을 모두 기록해 두십시오.

figure [fígjər] n. 숫자, 수치, 계산/ 모양, 인물(= shape) vt. 계산하다/ 생각하다, 판단하다

He wrote the date in *figures* at the top of the paper. 그는 종이 상단에 숫자로 날짜를 적었다.

I *figured* the best thing to do was wait behind. 뒤에서 기다리는 것이 가장 좋을 거라고 생각했다.

figurative [fígjurətiv] a. 비유[상징]적인 / 화려한

statistic [stətístik] n. 통계치, 통계량

Statistics show flying is the safest form of transport. 통계치로 보면 비행기가 가장 안전한 교통 수단이다.

statistics n. (단수) 통계학
statistical(ly) a. 통계적으로

Likeness causes liking.

162. Learn the language and find out as much as possible about the country; this will ‑‑‑‑‑‑‑‑ culture shock once you get there.
(A) intensify   (B) minimize
(C) preserve   (D) recall

intensify [inténsəfài] vt, vi. 증강하다, 도를더하다, 강하게 하다 (= deepen, magnify)

The bombing *intensified* people's fear.
폭격으로 해서 사람들은 더 두려워하게 되었다.
intense a. 격렬한, 심한, 맹렬한
intensive a. 격렬한, 집중적인
intensity n. 강렬, 격렬 / 긴장, 집중

minimize [mínəmàiz] vt. 최소로 만들다

We have to *minimize* operating costs quickly.
우리는 신속히 운영비를 최소화해야 한다.
minimization n. 최소화
minimum [mínəməm] n. 최소(치)

preserve [prizə́ːrv] vt. 보전[유지]하다, 보존하다, 지키다 (= reserve, sustain, spare)

We are interested in *preserving* world peace.
우리는 세계 평화를 유지하는 데 관심이 있다.
preservation n. 보존, 저장
preservative a. 저장하는 n. 방부제
preservatory n. 저장기, 저장소

recall [rikɔ́ːl] vt. 기억을 되살리다 (= remember) / 소환하다, 되부르다 n. 회상 / 소환

I couldn't *recall* leaving my wallet at the train station. 기차역에 지갑을 두고 온 기억이 나지 않았다.

 비슷함이 호감을 가져온다.

> **163.** Make sure you eat sensibly, exercise regularly to _______ tension, and allow yourself time to relax.
>
> (A) amplify　　　　(B) insist
> (C) relieve　　　　(D) reproduce

amplify [ǽmpləfài] vt. 확대하다, 크게 하다 (= enlarge, expand) / 상세히 설명하다

The megaphone *amplified* his voice.
메가폰이 그의 목소리를 증폭시켰다.

amplification n. 확대 / 부연
ample a. 넓은, 광대한 / 충분한, 넉넉한

insist [insíst] vt. 주장하다, 우기다, 고집하다 (= contend, persist) / 강요하다 (= urge)

They *insisted* I went to dinner with them.
그들은 같이 저녁 식사를 하러 가자고 고집 했다.

insistent a. 주장하는, 고집하는, 끈질긴
insistence(-cy) n. 주장, 고집 / 강요

relieve [rilí:v] vt. (고통 등을) 줄이다, 덜다/ 안도케하다, 구하다

Stress can be *relieved* by exercising regularly.
정기적으로 운동을 함으로써 스트레스를 줄일 수 있다.

relief [rilí:f] n. (고통의) 경감, 제거/ 안도, 구원

reproduce [rì:prədjú:s] vt. 재생하다, 재현하다/ 복사하다 (= duplicate) vi. 번식[생식]하다

I hope to *reproduce* the atmosphere of the time by using period costume. 나는 구식 복장을 사용해 그 당시의 분위기를 되살리려 한다.

reproduction n. 재생 / 복사, 복제(물) / 번식

One hour's sleep before midnight, is worth two after.

> **164.** You might point out that working at home
> without ________ will increase your
> productivity.
> (A) conclusions   (B) distractions
> (C) implications   (D) objects

conclusion [kənklúːʒən] n. 결말, 결론
The commission has reached the *conclusion* that the project should be suspended.
위원회는 그 사업이 중단되어야 한다는 결론에 도달했다.
come to a conclusion 끝나다, 결론을 내리다
conclude vt. 마치다, 끝내다 / 결론을 내리다

distraction [distrǽkʃən] n. 방해, 주의산만, 혼란
(= disturbance, annoyance) / 기분전환, 오락
The war served as a *distraction* from the economic and social problems at home.
그 전쟁은 국내의 경제적 그리고 사회적 문제로부터 관심을 분산시키는 역할을 했다.
distract vt. (주의를) 흩뜨리다, 혼란케 하다

implication [ìmpləkéiʃən] n. 내포, 함축, 암시
(= connotation) / 연루, 관계(= involvement)
These principles have a number of *implications* for the future. 이러한 원칙들은 미래에 대해 시사하는 바가 많다.
implicate vt. 관련시키다 / 함축하다

object [ábdʒikt] n. 물체, 물건(= article) / 목적, 목표
vt. 항의하다, 반대하다(= oppose)
The *object* of the game is to win money.
그 경기의 목적은 돈을 따는 것이다.
objection n. 반대, 이의, 반론

자정 전에 한 시간을 자는 것이 그 뒤에 두 시간 자는 것과 같다.

> **165.** Quite many people -------- they're talking when they're really criticizing.
> (A) attend   (B) extend
> (C) pretend   (D) superintend

attend [əténd] vt. 출석하다, 참석하다(= appear) / 시중을 들다, 보살피다(= serve, tend)

Only close family *attended* the wedding.
가까운 친지들만이 결혼식에 참석했다.

attendance [əténdəns] n. 출석, 참석 / 시중
attendant a. 수행하는, 모시는 n. 점원, 안내원

extend [eksténd] vt. 뻗다 / 늘이다, 연장하다(= enlarge) vi. 달하다, 미치다

His working day often *extends* well into the evening. 그의 근무 시간은 자주 밤늦게까지 연장된다.

extension [eksténʃən] n. 연장, 확대, 확장
extensive a. 넓은, 광대한, 광범위한

pretend [priténd] vt. ~인 체하다, 꾸미다, 가장하다 vi. 주장[요구]하다

I *pretended* that nothing untoward had happened. 나는 별일이 없던 것처럼 가장했다.

pretense n. 가장, 겉치레 / 주장, 요구
pretension n. 요구, 주장
pretentious a. 뽐내는, 허세부리는

superintend [sùːpərinténd] vt, vi. 감독하다, 지휘하다 (= supervise, oversee)

The infants were *superintended* by two adults during their mid-morning break. 아기들은 오전 낮 잠 시간 동안 두 어른의 보살핌을 받았다.

superintendent n. 감독자, 지휘관 a. 감독하는

He travels fastest who travels alone.

166. Studies of peak performers have shown that people do best when they take ‒‒‒‒‒‒‒‒ breaks from their work routine.

(A) diverse　　　　　(B) launching
(C) periodic　　　　 (D) replacing

diverse [divə́:rs] a. 다양한, 가지각색의, 여러 가지의 (= various, sundry)

There are many *diverse* cultures in existence throughout the world. 전세계에는 다양한 문화가 존재하고 있다.

diversify vt. 다채롭게 하다, 다양화하다
diversified a. 다양한, 다채로운, 다각적인

launch [lɑ:ntʃ] vt. 시작하다, 착수하다/ (배, 비행기 등을) 진수시키다, 발사하다

The space shuttle was *launched* yesterday. 그 우주선은 어제 발사되었다.

The government has *launched* a massive literacy campaign. 정부는 대대적인 문맹퇴치 운동을 시작했다.

periodic [pì(:)riádik] a. 주기적인, 정기적인 (= regular)

There will be *periodic* rainfall during the day. 낮 동안에는 간헐적으로 비가 올 것이다.

period n. 기간 / 시대
periodical a. 주기적인 n. 정기간행물, 잡지

replace [ripléis] vt. 되돌리다, 돌려주다 (= return) / 대신하다, 대체하다, 바꾸다

You can never *replace* a lost loved one. 당신은 절대 떠나간 애인을 되돌릴 수 없습니다.

replacement n. 되돌림 / 교체

 혼자 여행하는 사람이 가장빨리 여행한다.

> **167.** A husband who can accept influence and criticism from his wife ________ the relationships of happy couples.
> (A) characterizes (B) confers
> (C) prescribes (D) presides

characterize [kǽrəktəràiz] vt. 특징을 이루다, 특색을 나타내다, 특징짓다(= distinguish)

The quest for knowledge *characterizes* all great scientists. 지식에 대한 탐구는 모든 위대한 과학자들의 특징이다.

character n. 특성, 특질 / 성격 / 인물, 배역
characteristic a. 특징적인, 특색을 이루는

confer [kənfə́ːr] vt. 주다, 수여하다(= grant, award) vi. 의논하다, 협의하다(= consult)

We *conferred* before making the decision. 우리는 결정을 내리기 전에 상의했다.

conferment n. 증여, 수여 / 협의
conference n. 회담, 협의, 회의

prescribe [priskráib] vt. 규정하다, 지시하다(= ordain, impose) / 처방하다, 처방을 내리다

I can't *prescribe* any medicine for the illness you have. 저는 당신의 병에 대해서 어떠한 약도 처방할 수 없습니다.

prescription [priskrípʃən] n. 명령, 법규 / 처방(전)

preside [prizáid] vi. (over) 의장 노릇을 하다, 사회를 보다, 관장[통솔]하다(= supervise)

He *presided* over the discussion to keep control. 그는 질서를 유지하기 위해 그 토론을 주관했다.

president n. 의장, 사장, 회장, 대통령

Solitude is the nest of thought.

168. It's ˍˍˍˍˍˍˍ of a guest to arrive at the party with an uninvited friend.
  (A) elementary   (B) gradual
  (C) presumptuous   (D) unemotional

---

elementary [èləméntəri] a. 기본의, 초보의, 초등교육의 (= introductory) / 원소의

  Algebra is *elementary* in understanding math.
  대수는 수학을 이해하는 데 있어서 기본적인 것이다.
  element n. 요소, 성분, 분자, 원소 / 원리
  elemental a. 요소의, 원소의 / 원리의, 초보의

gradual [grǽdʒuəl] a. 단계적인, 점진적인

  Things change *gradually*.
  변화는 점진적으로 오게 마련이다.
  gradually ad. 단계적으로, 점진적으로
  grade n. 등급, 계급 / 학년 / 성적, 정도

presumptuous [prizʌ́mptʃuəs] a. 뻔뻔한, 염치없는, 주제넘은(= audacious, disdainful)

  It was *presumptuous* of me to expect your help.
  당신의 도움을 바라다니 염치없는 일이었습니다.
  presumption n. 추정, 가정 / 염치없음, 뻔뻔함
  presume vt. 추정하다, 가정하다 / 감히 ~하다

unemotional [ʌnimóuʃənəl] a. 감정적이지 않은, 이지적인 지적인 (= rational)

  The murderer was calm and *unemotional*.
  그 살인자는 침착하고 감정이 없었다.
  emotional a. 감정적인, 정서적인 / 다정다감한
  emotion n. 감정 / 감동, 흥분

 고독은 생각의 둥지이다.

169. It's never appropriate to mention gifts, in any _______, on a wedding invitation or enclosure card.

    (A) context   (B) note
    (C) signature   (D) telegraph

context [kántekst] n. (글의) 전후관계, 문맥/ 상황, 사정, 배경(= background, circumstances)

  Try to guess what it means from the *context*.
문맥을 통해 그 뜻을 추측해 보십시오.
in this context 이러한 배경[사정]으로
in any context 어떠한 경우라도

signature [sígnətʃər] n. 서명, 사인(= autograph, underwrite) / 표시, 징후, 조짐

  I need your *signature* on the contract before we begin. 일을 시작하기 전에 계약서에 서명해 주시면 좋겠습니다.
signal n. 신호 / 징후, 조짐 vi. 신호하다
sign n. 신호, 표지 vt. 서명하다 / 신호하다

telegraph [téləgræf] n. 전신, 전보(= telegram)
vt. 타전하다, 전보로 보내다

  We received a *telegram* from my brother at the wedding. 우리는 결혼식에서 형의 전보를 받았다.

appropriate [əpróuprièit] a. 적당한, 적절한
vi. 사유하다, 횡령하다 / 충당하다

  It is *appropriate* to wear a jacket to dinner.
만찬에는 양복 상의를 입는 게 알맞다.
appropriation n. 전유, 횡령 / 충당, 할당

He is a fool that is not melancholy once a day.

---

176. My job as a buyer for a department store
_______ me to travel for a week or two
every few months.
(A) endows   (B) matches
(C) procures   (D) requires

---

endow [endáu] vt. 주다, 수여하다, 기부하다
Sales went up after the actor *endowed* our
product. 그 배우가 우리 제품을 기부한 다음 매출이 상승
했다.
endowment n. 기증, 기부(금)

match [mætʃ] vt. 적수가 되다, 경쟁하다 / 어울리다
(= agree) vt. 시합, 경기 / 적수
The curtains and the wall color don't *match*.
커튼과 벽지의 색깔이 어울리지 않는다.
matching a. 어울리는, 필적하는

procure [proʊkjúər] vt. 획득하다, 조달하다, 입수하다
(= acquire, gain)
Steve hopes to *procure* a new apartment this
weekend. Steve는 이번 주말 새 아파트를 구했으면 한다.
procurement n. 획득, 조달

require [rikwáiər] vt. 요구하다, 명하다 / 필요로 하다
(= demand, want)
Playing chess *requires* a great deal of
concentration. 체스를 하기 위해선 상당한 집중력이 필
요하다.
requirement n. 요구, 필요(물) / 필요 조건
requisition [rèkwəzíʃən] n. 요구, 청구, 명령
requisite a. 필요한 n. 필수품, 필요 조건

 하루에 한 번 우울해지지 않는 사람은 어리석은 사람이다.

> **171.** As a working mother, you need to help your kids gain confidence in their ability to get ------- without you for awhile.
> (A) ahead
> (B) away
> (C) along
> (D) together

get ahead 나아가다, 진보하다/ 성공을 거두다

You have to work hard to *get ahead* in life.
성공하는 삶을 위해선 열심히 일해야 한다.

get away 떠나다, 멀어지다, 달아나다/ 휴가를 떠나다, 벗어나다

We're planning on *getting away* this weekend.
우리는 이번 주말에 여행을 떠날 계획이다.

get along 지내다, 살아가다/ (with ~) ~와 사이좋게 지내다

Why can't our family *get along*?
우리 가족은 왜 사이 좋게 지낼 수 없는가?

My brother and I used to *get along* quite well with each other. 내 형과 나는 사이 좋게 지냈었다.

get together 모이다/ 모으다, 합치다

Let's *get together* for lunch sometime.
언제 같이 점심을 들도록 하죠.

He's spent a whole afternoon trying to *get* the things *together*. 그는 오후 내내 그것을 조립하려고 했다.

A sorrow is an itching place which is made worse by scratching.

172. He makes less money after he started his own business, but is far happier working ________ himself.

(A) for　　　　　　　(B) in
(C) of　　　　　　　(D) to

for oneself 혼자 힘으로, 스스로 / 자신을 위해
I have to learn about life *for myself*.
나는 혼자 힘으로 인생을 배워야 한다.

in oneself ~ 자체로, 기본적으로
Punishment *in itself* does not induce a sense of responsibility. 처벌 그 자체가 책임감을 가져오는 것은 아니다.

of oneself 저절로
The car suddenly moved *of itself*.
차가 갑자기 저절로 움직였다.

to oneself 자신에게, 독점하여
The party's tonight. Keep it *to yourself*.
오늘밤에 파티가 있습니다. 혼자만 알고 계세요.

by oneself 스스로, 혼자힘으로
Thanks, but I can manage *by myself*.
감사합니다만 저 혼자 알아서 할 수 있습니다.

make money 돈을 벌다, 생활비를 벌다, 가족을 부양하다
How much *money* do you *make* a year?
일년에 얼마를 버십니까?

 후회는 긁을수록 덧나는 상처이다.

> **173.** In a time for rebuilding your self-esteem,
> more than ever, you need to be around
> people who support and care _______ you.
> (A) after   (B) for
> (C) in   (D) of

care [kɛər] vi. 관심을 갖다, 돌보다 / 좋아하다

She no longer *cares for* me.

그녀는 더 이상 나를 좋아하지 않는다.

Would you *care for* a slice of cake?

케이크 한 조각 드시겠습니까?

I didn't *care about* the consequences.

나는 그 결과에 관심이 없었다.

care for ~   ~를 좋아하다 / ~에 관심을 갖다

care about ~   ~에 관심을 갖다

rebuild [riːbíld] vt. 재건하다, 다시 짓다

The company has tried to *rebuild* its business.

그 회사는 사업을 다시 일으키기 위해 노력했다.

self-esteem [sélfestíːm] n. 자존심, 자부심

David did not hold much *esteem* for his co-workers.   David는 동료 직원들을 별로 존중하지 않았다.

esteem vt. 존경[존중]하다 / 판단하다 n. 존경, 존중 / 판단

more than ever 다른 무엇보다도, 그 어느때보다도 더

There is *more* crime *than ever*.

이전보다 범죄가 늘었다.

Who will not keep a penny, never shall have many.

174. Being late for social _______ may be a way to get extra attention or an expression of anger and rebellion against authority.
(A) circumstances   (B) emblems
(C) events   (D) occurrences

circumstance [sə́ːrkəmstæns] n. 상황, 환경, 사정
(= condition, situation, event)
The *circumstances* weren't right for the United States' intervention. 미국이 간섭하기에 적당한 상황이 아니었다.
in[under] any circumstance 어떤 경우라도

emblem [émbləm] n. 상징, 표상(= symbol) / 기장, 문양(= banner)
The *emblem* of England is the red rose.
영국의 상징은 붉은 장미이다.
emblematic a. 상징의, 상징적인, 상징이 되는

event [ivént] n. 사건/ 행사/ 경기, 시합
The Berkeley Ball is an annual social *event*.
Berkeley Ball은 매년 열리는 사회적 행사이다.
in any event 어떤 경우에도, 어떻게 해서든
eventful a. 사건이 많은, 파란만장한

occurrence [əkə́ːrəns] n. 사건, 사건의 발생
Wearing seat belts will reduce the *occurrence* of fatal accidents. 안전벨트 착용은 치명적인 사고의 발생을 감소시킬 것이다.
occur vi. (사건 등이) 일어나다, 생기다

 푼돈을 아끼지 않는 사람은 큰 돈을 손에 쥘 수 없다.

> **175.** There's no question that first impressions are important, but this doesn't mean that it's impossible to ________ them.
> (A) admit　　　　　　(B) offend
> (C) overrun　　　　　(D) undo

admit [ædmít] vt. 인정하다, 시인하다 (= confess, acknowledge) / (입장을) 허가하다, 수용하다
　I *admit* I made a mistake.　내 실수였음을 인정한다.
admission　n. 입장, 입학, 입국 / 시인, 자백
admissive　a. 허용하는, 시인하는

offend [əfénd] vt. 화나게 하다, 기분을 상하게 하다
(= anger, insult) / (법을) 위반하다
　They took care never to *offend* their visitors.
　그들은 손님을 화나게 하지않으려고 조심했다.
offense　n. (규칙 등의) 위반, 반칙 / 공격
offensive　a. 불쾌한, 무례한 / 공격적인

overrun [òuvərʌ́n] (-ran, -run) vt. (한계를) 넘어서다,
넘쳐흐르다 / 침략하다, 압도하다
　The show *overran* by twenty minutes.
　그 쇼는 20분이나 시간을 초과했다.

undo [ʌndú:] vt. 취소하다, 원상태로 하다 (= erase,
reverse) / 망치다, 파멸시키다
　Sins cannot be *undone*, only forgiven.
　죄는 취소할 수 없으며 용서될 수 있을 뿐이다.
　His shoes were *undone* when he fell.
　그가 넘어졌을 때 신발이 벗겨졌다.
undone　a. 미완성의 / 원래대로의 / 망친

He that fears you present will hate you absent.

> **176.** Though there are _______ such as a longtime employee, employees don't give gifts to their bosses in general.
>
> (A) effects   (B) exceptions
> (C) forecasts   (D) precepts

effect [ifékt] n. 결과, 효과(= result) / (-s) 재산
vt. (변화 등을) 가져오다, 초래하다
> The economic reform package has had no real *effect*. 경제 개혁 정책은 실제적인 효과가 없었다.

in effect 실제로, 사실상
effective a. 효과적인, 유효한 / 실제의

exception [iksépʃən] n. 예외 / 제외 (= elimination, exemption)
> No *exceptions* can be made to the rules.
> 그 규칙에는 예외가 있을 수 없다.
> Everybody should be on time without *exception*.
> 모두가 예외 없이 시간을 지켜야 한다.

without exception 예외 없이, 남김 없이
exceptional a. 예외적인 / 특별한, 비범한

forecast [fɔ́ːrkæst] n. 예상, 예측 (= prediction) / 예보
vt. 예상[예측]하다 / 예보하다
> We can't *forecast* what will happen to share prices. 주식의 가격이 어떻게 될지 우리는 예상할 수 없다.

precept [príːsept] n. 가르침, 교훈, 훈계 / 격언 (= maxim, axiom)
> 'Do as you would be done by' is a well known *precept*. '남이 해주기를 바라는 대로 남에게 해주어라'는 잘 알려진 격언이다.

preceptive a. 교훈의, 교훈적인

 당신이 있을 때 두려워 하는 사람은 당신이 없을 때 증오할 것이다.

177. If you feel like giving your boss a small
_______ of appreciation, buy something not
too personal or expensive.
(A) outlook   (B) plea
(C) token   (D) trial

outlook [áutlùk] n. 전망, 예측(= prediction, forecast)
/ 조망, 경치/ 사고방식, 견해

The accident altered my *outlook* on things.
그 사건은 사물에 대한 내 시각을 바꾸어놓았다.

The economic *outlook* is worse than expected.
경제 전망은 예상했던 것보다 안 좋다.

plea [pliː] n. 탄원, 청원, 간청(= petition) / 변명, 항변
(= excuse)

Her *pleas* for help fell on deaf ears.
도와달라는 그녀의 부탁은 응답을 받지 못했다.

My *plea* for clemency failed to convince the
judge. 관용을 베풀어달라는 내 요청을 판사는 받아들이
지 않았다.

token [tóukən] n. 상징, 표시(= emblem, sign) / 특징/
승차권, 토큰

Take this necklace as a token of my love and
trust. 내 사랑과 믿음의 징표로 이 목걸이를 받아주십시오.

trial [tráiəl] n. 재판, 공판(= hearing) / 시험, 시도
(= experiment) / 시련, 재난

The *trial* attracted wide media coverage.
그 재판은 대중매체의 많은 관심을 끌었다.

The safety *trials* for new cars are expensive.
신차의 안전성 검사에는 비용이 많이 든다.

Misfortunes tell us what fortune is.

> **178.** Far too many people repeat "I'm so frantic",
> an annoying conversational tic, simply to
> _______ up their own greatness.
>
> (A) bust (B) hush
> (C) play (D) shape

bust [bʌst] vt, vi. (up) 부수다, 폭발하다 (= break)

I *bust* up with my girlfriend over a silly
argument. 나는 하찮은 문제를 놓고 여자 친구와 한바탕
싸웠다.

bust up 망치다, 중단시키다 / 싸우다

hush [hʌʃ] n. 쉿(조용하라는 신호), 침묵 vt. 조용하게 하다

Hush, everybody's sleeping upstairs.
쉿, 위층에선 다들 자고 있어요.

The government *hushed* the scandal up.
정부는 그 스캔들을 감추었다.

hush up 비밀로 하다, 입을 막다

play up 강조하다, 자랑하다 / (기계, 신체 등의) 상태가
나빠지다

The temptation is to *play up* the sensational
aspects of the story. 그 이야기의 충격적인 측면을 과
장하려는 유혹이 있다.

My computer is *playing up* again.
내 컴퓨터에 또 문제가 생겼다.

shape [ʃeip] n. 모양, 형태 vt. 모양을 만들다 / 구체화하다,
실현하다(up) (= build, form)

The campaign is *shaping* up as one of the most
successful sales campaigns ever. 그 선전은 이제
까지 있었던 가장 성공적인 판촉으로 만들어지고 있다.

 불행은 우리에게 행복이 무엇인지 가르쳐 준다.

179. She's wise enough to know how to excuse a fault while ________ her dignity.
(A) debating (B) employing
(C) maintaining (D) manipulating

debate [dibéit] n. 토론(회), 논쟁 vi. 토론[논쟁]하다
(= argue, discuss) / 검토하다
He *debated* with his staff on the problems in the factory. 그는 직원들과 공장에 있는 문제를 논의했다.

employ [emplói] vt. 고용하다 / (사람 또는 물건을) 쓰다
(= hire) n. 고용, 사용
He was *employed* as a research assistant.
그는 연구 보조원으로 고용되었다.
employer n. 고용주, 사용자
employee n. 고용인, 사용인
employment n. 사용, 고용 / 직업

maintain [meintéin] vt. 지속[유지]하다, 보존하다
(= conserve, keep) / 주장하다 (= claim)
I wanted to *maintain* my friendship with you.
당신과의 우정을 유지하고 싶었습니다.
I *maintained* that it was a mistake to hire him.
나는 그를 채용한 것은 실수였다고 주장했다.
maintenance [méintənəns] n. 유지, 보수 / 주장

manipulate [mənípjəlèit] vt. (손으로) 다루다, 조종하다
People can be difficult to *manipulate* because of their independent nature. 사람을 다루는 일은, 그들의 독립적인 본성 때문에, 어려울 수 있다.
manipulation n. 교묘히 다루기 / 조작, 속임

Better be first in a village than second at Rome.

> **180.** _______ having choices is lovely, feeling that you always have to choose grinds you down.
> (A) Now (B) Provided
> (C) Once (D) While

now (that ~) ~이므로, ~이니까

Now that she's found him, she'll never let him go. 이제 그녀가 그를 찾았으니까 절대로 가게 하지 않을 것이다.

Now that he's left, you should get on with your life and have fun. 그가 떠났으니까 이제 당신도 자신의 삶을 찾고 즐겨야 합니다.

provided (that ~) ~라면, ~를 가정하면

She'll do it *provided* that we give her our complete support. 우리가 전적으로 지원한다면 그녀는 그 일을 할 것이다.

once [wʌns] conj. 일단 ~하면 ~하자마자

Once the sun had set, the air turned cold. 해가 지면 공기가 차졌다.

Once inside her flat, she opened the letter. 아파트에 들어서자마자 그녀는 편지를 열었다.

while [*h*wail] conj. ~하는동안/ ~이지만

He stayed with me *while* Dad sat with Dr Leon in the living room. 아버지가 거실에서 Dr Leon과 앉아 있는 동안 그는 나와 함께 있었다.

The weather in Miami is dull and overcast *while* in Washington it's clear and sunny. Washington의 날씨는 쾌청했는데 Miami의 날씨는 우중충했다.

 동네에서 첫째가는 것이 로마에서 둘째가는 것보다 낫다.

> **01.** Companies on the leading edge are looking for ways to _______ pay with things employees have control over.
> (A) convert   (B) link
> (C) pack   (D) supply

convert [kənvə́:rt] vt. 전환시키다, 바꾸다 / 개조하다 (= transform, modify)

The solar panel absorbs heat from the sun and *converts* it into power. 태양 전지판은 태양열을 흡수해 그것을 전력으로 바꾼다.

convertible a. 바꿀수 있는 n. 덮개가 달린 차
conversion n. 변환, 전환 / 개조

link [liŋk] vt. 잇다, 연결하다 (= combine, connect) n. 사슬의 고리

The navigation equipment is *linked* to a satellite. 그 항해 장비는 위성에 연결된다.

link ~ with[to] … ~와 …를 연결[연계]하다
linkage [líŋkidʒ] n. 연합, 결합

pack [pæk] vt. (짐을) 싸다, 꾸리다 / 꽉 채우다 (= stow) n. 꾸러미, 보따리

I *packed* my bags for the trip. 나는 여행 가방을 챙겼다.

package [pǽkidʒ] n. 꾸러미, 소포 a. 꾸러미의

supply [səplái] vt. 공급하다, 지급하다 (= furnish, provide) n. 공급 / 재고품

Most large towns are *supplied* with electricity. 대부분의 큰 마을에 전기가 공급되고 있다.

supply ~ with … ~에게 …를 공급하다
supplier n. 공급자, 배급자

A civil denial is better than a rude grant.

> **182.** The total _______ package includes free parking, club membership, dental insurance, and tuition reimbursement.
> (A) compensation (B) engagement
> (C) occupation (D) ownership

compensation [kàmpənséiʃən] n. 배상, 보상, 변상
(= reimbursement) / 보수, 급료(= payment)

The *compensation* for the accident wasn't enough to pay the hospital bills. 그 사고 보상금은 병원비를 물기에도 충분치 않았다.

compensation package 급여 체계, 제급여

compensate vt. 보상[변상]하다 / 보수를 주다

engagement [engéidʒmənt] n. 약속, 예약, 계약
(= commitment, appointment) / 약혼

We announced our *engagement* to my parents over a special dinner. 특별 만찬을 들면서 우리는 부모님에게 약혼을 발표했다.

engage vt. 약속하다, 약혼시키다 vt. 종사하다

occupation [àkjəpéiʃən] n. 직업, 업무(= vocation, job) / 점유, 거주

Everyone, irrespective of age, sex, *occupation*, join the club. 모든 사람이 나이, 성별, 직업에 관계없이 그 모임에 가입할수 있다.

occupy vt. (시간, 공간, 일자리 등을) 차지하다

ownership [óunərʃip] n. 소유권

The desire for home *ownership* is still strong.
집을 소유하려는 욕구는 아직도 강하다.

own vt. 소유하다, 지배하다

owner n. 소유자, 임자

 공손한 거절이 무례한 적선보다낫다.

183. Doing something different is scary, but it is scarier to be ________ in a rut, never moving on or trying anything different.
(A) cropped   (B) pasted
(C) stuck   (D) trimmed

crop [krɑp] vt. 잘라내다, 베어내다/ 수확하다, 거두어들이다
n. 수확, 농작물

The wheat had been *cropped* before the bad weather set in. 기상이 나빠지기 전에 밀을 거두어들였다.

paste [peist] vt. (풀로) 붙이다, 바르다 (= attach)
n. 풀 (= glue) / 반죽

The walls were *pasted* with pictures of aircraft.
벽에는 비행기 사진이 붙여져 있었다.

stick [stik] (stuck [stʌk]) vt. 찌르다, 찔러끼우다 /
붙이다, 고정시키다

They went round *sticking* posters on walls.
그들은 벽에 포스터를 붙이러 돌아다녔다.

trim [trim] vt. 정돈하다, (잔디 등을) 깎다 (= shave)
n. 정돈, 꾸밈/ 깎기 a. 말쑥한

We *trimmed* the hedge around the house.
우리는 집 주위의 울타리를 손질했다.
trimming n. 정돈, 손질, 다듬기
trimmer n. 정돈하는 사람/ 깎는 기구

rut [rʌt] n. 바퀴 자국/ 상투적인 방법, 상습

Some people never get out of their *rut*.
어떤 이들은 그들의 습성에서 절대 벗어나지 않는다.
get into a rut 틀에 박히다
move in a rut 틀에 박힌 일을 하다

What has been the fashion will come into fashion again.

> **184.** Look ________ career reference books, then draw up a short list of jobs which fit your abilities and aspirations.
>
> (A) after   (B) around
> (C) on   (D) through

look after ~ ~를 돌보다, ~를 보살피다, ~를 맡아 관리하다

You have to *look after* the children.
당신이 그 아이들을 돌봐야 합니다.
We need to *look after* our own affairs first.
우리는 우선 우리 자신의 일을 처리해야 한다.

look around 둘러보다/ 여러 모로 생각해보다

I *looked around* my new apartment.
나는 내 새 아파트를 둘러보았다.

look on 방관하다, 구경하다/ (as) 간주하다, 생각하다

They *looked on* with interest as the two men argued in the street. 그들은 두 사람이 길거리에서 다투는 것을 재미있게 구경했다.
She *looked on* us as simpletons.
그녀는 우리를 바보로 봤다.

look through ~ ~를 살펴보다, ~를 조사하다/ ~를 꿰뚫어보다, ~를 간파하다

He'll *look through* the presentation tonight ready for tomorrow. 그는 내일의 발표물을 오늘밤 검토할 것이다.
Can I *look through* your assignment some time today? 당신의 과제물을 오늘 언젠가 검사할 수 있을까요?

 한번 유행했던 것은 다시 유행하게 된다.

> **185.** As important as knowing when to persist in your case in negotiations is knowing when to ________ off.
>
> (A) back (B) call
> (C) put   (D) shake

back off 물러서다, 취소하다, 양보하다

Iraq *backed off* when the threat of air strikes increased. 이라크는 공습 위협이 증대되자 물러섰다.

call off 약속을 취소하다, 손을 떼다 / 중단시키다, 멈추게 하다, 물러서게 하다

The match was *called* off twenty minutes before kick *off*. 그 축구 시합은 시작 시간 20분 전에 취소되었다.

I *called* the guards *off* when I realized the man was not a threat. 나는 그 사람이 위험하지 않다는 것을 알고 경비원을 물러서게 했다.

put off 연기하다, 미루다 / 그만두게 하다, 단념시키다

They kept *putting off* signing the paper. 그들은 계약서에 서명하는 것을 계속 미뤘다.

Nothing would *put* her *off* once she had made up her mind. 그녀가 일단 마음을 정하면 어떤 것도 그녀를 중단시킬 수 없었다.

shake off 떨어내다, 쫓아버리다 / 거절하다

Her addiction could not be *shaken off* as easily as we had hoped. 그녀의 약물 중독은 우리가 바라던 것처럼 쉽게 치유되지 않았다.

persist in one's case 자신의 주장을 고집하다

True happiness consists in making happy.

186. One way to beat depression is to avoid getting _______ in negativity by engaging in something active.

(A) frightened   (B) illustrated
(C) obsessed   (D) prevented

frighten [fráitn] vt. 두렵게 하다, 놀라게 하다
(= horrify, terrify, shock)
> The children were so *frightened* by the noise that they screamed. 아이들은 그 소리에 너무 놀라 비명을 질렀다.

fright n. 공포, 경악 (= fear)

illustrate [íləstrèit] vt. 설명하다, 예를 들다
(= exemplify) / 삽화를 넣다 (= depict)
> The prisoner's behavior *illustrates* why he is a danger to society. 그 죄수의 행동은 왜 그가 사회에서 위험한 존재인지를 보여준다.

illustration n. 삽화, 도해 / 예증

obsess [əbsés] vt. (망상, 두려움 등에) 사로잡다, 붙잡다
(= dominate, haunt)
> Making money *obsesses* her.
> 돈벌이가 그녀의 마음을 사로잡았다.

obsession n. 강박관념, 망상
obsessive a. (망상) 떨어지지 않는, 강박관념의

prevent [privént] vt. 막다, 방해하다 (= hinder) / 예방하다 (= preclude)
> I desperately tried to *prevent* the disaster from happening. 나는 그 재앙이 일어나는 것을 막기 위해 결사적으로 노력했다.

prevention n. 방지, 예방

 진정한 행복은 행복을 만들어 가는 데 있다.

187. Although it wasn't her fault, Rebecca was
‒‒‒‒‒‒‒ to clean up the mess.
(A) disinclined   (B) obliged
(C) refreshing   (D) reluctant

disinclined [dìsinkláind] a. 하고 싶지 않은, 내키지 않는
(= reluctant)

I was *disinclined* to say anything to anybody.
나는 아무에게도 말하고 싶지 않았다.
disincline vt, vi. 싫증나게 하다, 내키지 않다
disinclination n. 기분이 내키지 않음, 싫증

oblige [əbláidʒ] vt. 강요하다, 의무를 지우다 (= compel,
force) / 은혜를 베풀다

I felt *obliged* to invite him into the parlor.
나는 그를 응접실로 초대하지 않을 수 없었다.
be obliged to do 어쩔 수 없이 ~ 하다
obligation n. 의무, 책임
obligatory a. 의무적인, 필수적인

refreshing [rifréʃiŋ] a. 상쾌한, 후련한, 참신한
It was *refreshing* to meet people who shared the
same views. 같은 생각을 갖고 있는 사람들과 만나는 일
은 즐거웠다.
refresh vt. 상쾌하게 하다, 새롭게 하다
refreshment n. 원기회복 / (-s) 다과, 음식물

reluctant [rilʌ́ktənt] a. 마음이 내키지 않는, 마지못해
하는(= disinclined, unwilling)

I am *reluctant* to get involved.
나는 그 일에 휘말리기 싫다.
reluctance n. 내키지 않음, 꺼림

Pleasure is not pleasant unless it costs dear.

> **문8.** When it comes to dressing for a job interview, you can stand _______ from other candidates by wearing something to help employers remember you.
>
> (A) by   (B) for
> (C) on   (D) out

stand by 지원[원조]하다/ 대기하다

The Government would *stand by* the NATO decision. 정부는 NATO의 결의 사항을 지지할 것이다. *Stand by* to call the police if things get violent. 사태가 험악해지면 경찰에 신고할 준비를 하십시오.

stand for ~ ~를 뜻하다, ~를 나타내다/ ~의 편을 들다, ~에 찬성하다

NATO *stands for* North Atlantic Treaty Organization. NATO는 북대서양 조약기구를 뜻한다. She *stood for* freedom and equality. 그녀는 자유와 평등을 지지했다.

stand on ~ ~위에 서다/ ~에 까다롭다, ~를 고집하다

He *stands on* good manners. 그는 훌륭한 매너를 중시한다.

stand out 두드러지다, 눈에 띄다/ 계속하다, 버티다, 고집하다

This student's work *stands out* from the usual essays. 이 학생의 작품은 다른 평범한 에세이들과 달리 눈에 띈다. The union decided to *stand out* for its original claims. 노조는 종전의 요구를 고수하기로 결정했다.

 만족은 그 대가가 비싸지 않으면 만족스럽지 않다.

> **189.** Snack on something light and high in carbohydrates, which raises your blood sugar level and _______ your appetite.
> (A) ascertains (B) conveys
> (C) curbs (D) terminates

ascertain [æ̀sərtéin] vt. 확인하다/ 조사하다

It's impossible to *ascertain* who was here last.
누가 이곳에 마지막까지 있었는지 확인하는 것은 불가능하다.
ascertainment n. 확인, 조사

convey [kənvéi] vt. 나르다, 운반하다, 전하다(= carry, transport, transmit)

The train *conveyed* us to our final destination.
그 기차가 우리를 목적지까지 실어날랐다.
conveyer n. 운반 장치 / 운송업자
conveyance [kənvéiəns] n. 운반, 운송 / 수송 기관

curb [kə:rb] vt. (말에) 재갈을 물리다/ 억제하다, 구속하다
n. 재갈/ 억제, 구속

We have to *curb* the influence of the far right.
우리는 극우세력의 영향력을 견제해야 한다.
A *curb* on excessive borrowing should be
introduced. 과도한 차입에 대한 규제가 도입되어야 한다.

terminate [tə́:rmənèit] vt. 끝내다, 종결시키다
(= complete, end) / 한정하다, 제한하다

He would *terminate* the discussion there.
그는 그 논의를 거기서 중단시킬 것이다.
termination n. 종료, 결말

Haste is the sister of repentance.

176. Detail-oriented perfectionists are less
productive because they get -------
by minutiae and are unable to set priorities.

(A) assured   (B) foreseen
(C) sidetracked   (D) uncovered

assure [əʃúər] vt. 보쟁[보증]하다 (= confirm) / 확신
[납득] 시키다 (= console)

> The doctor *assured* me that everything would
> be all right. 의사는 모든 것이 괜찮을 거라고 내게 보장
> 했다.

assured a. 보증된, 확실한 / 자신 있는

assurance n. 보증, 보장 / 확신, 자신

foresee [fɔːrsíː] (-saw, -seen) vt. 예견하다, 앞일을 내다
보다 (= anticipate, predict)

> Do you *foresee* any problems with the new
> system? 새로운 시스템이 어떤 문제가 있을 거라고 예상
> 하십니까?

foreseeable a. 예측할 수 있는

foresight n. 예측, 선견지명

sidetrack [sáidtræk] vt. 곁길로 빠지게 하다 / 문제를
회피하다 n. (철도) 측선(側線)

> The talk has been *sidetracked*. 이야기가 딴길로 샜다.

uncover [ʌnkʌ́vər] vt. 밝히다, 폭로하다 (= disclose,
expose) / 덮개를 벗기다

> The detective *uncovered* a great deal of new
> evidence. 그 형사는 새로운 증거들을 많이 밝혀냈다.

uncovered a. 드러내놓은, 노출된

 조급함은 후회의 씨앗이다.

191. We reserved a _______ hall for the concert since we're expecting more than 5,000 people to be present.
(A) arid
(B) capacious
(C) forbidden
(D) outmoded

arid [ǽrid] a. 건조한, 불모의 (= barren, desert) / 무미건조한 (= boring)
> It's too *arid* to grow crops.
> 작물이 자라기에는 너무 건조하다.
> The work was monotonous and *arid*.
> 그 작품은 무미건조했다.

aridity n. 건조 / 무미건조함

capacious [kəpéiʃəs] a. 널찍한, 너른 / 너그러운
> The new car is far more *capacious* than the older model. 그 새차는 구모델에 비해 훨씬 넓다.

capacity [kəpǽsəti] n. 수용량, 용량 / 능력, 재능
at capacity 생산능력을 총동원하여

forbid [fərbíd] (-bade [fərbéid], -bidden [fərbídn])
vt. 금하다, 허락지 않다 (= prohibit, ban)
> Carrying firearms is *forbidden*.
> 총을 소지하는 것은 금지되어 있다.

forbidden [fərbídn] a. 금지된, 금단의

outmoded [àutmóudid] a. 유행에 뒤떨어진, 구식의 (= old-fashioned, out-of-date)
> This software is *outmoded* now.
> 이 소프트웨어는 이제 구식이 되었다.

outmode vi. 유행에 뒤떨어지다

(There is) No convenience without its inconvenience.

192. The way we spend our money actually
_______ a lot about who we are.
(A) applauds   (B) appoints
(C) reveals   (D) strives

applaud [əplɔ́:d] vt. 박수갈채하다, 성원하다, 찬양하다
(= praise, commend)
> The audience *applauded* at the end.
> 청중들은 마지막에 박수를 보냈다.
applause n. 박수갈채, 칭찬
applausive a. 박수 갈채의, 칭찬의

appoint [əpɔ́int] vt. 지명하다, 임명하다 (= designate,
nominate) / 지시하다, 정하다
> He was *appointed* to the most prestigious
> position in the University. 그는 그 대학에서 가장
> 선망의 대상이 되는 직책에 임명되었다.
appointment n. 지명, 임명, 지정 / 약속

reveal [riví:l] vt. 드러내다, 알리다, 나타내다(= betray,
uncover, disclose) / 누설하다
> David *revealed* a real gift for languages.
> David는 언어에 상당한 재능을 발휘했다.
revelation [rèvəléiʃən] n. 폭로, 누설, 공개
revelator n. 폭로자 / 계시자

strive [straiv] (strove, striven) vt. 노력하다, 애쓰다
(= endeavor) / 싸우다, 항쟁하다
> The developing countries have been *striving* for
> technological and economic advancement for
> years. 개발도상국들은 기술적, 경제적 발전을 위해 수년
> 간 분투 노력했다.
strife [straif] n. 투쟁, 다툼

  불편함이 없이는 편함을 구할 수 없다.

173. He _______ the idea of mountain climbing, but tried anyway.

(A) attested   (B) contested
(C) detested   (D) pretested

attest [ətést] vt. 증명하다, 입증하다, 증거가 되다(= verify, witness)

> Our product's quality is *attested* by our confidence in selling it with a three year comprehensive warranty. 우리 제품의 품질은 3년 동안 완벽한 품질보증을 제공하며 판매하고 있는 우리의 자신감으로 입증된다.

attested a. 증명된, 입증된
attestation n. 증명, 증거, 입증

contest [kántest] vt. 논쟁하다(= debate) / 다투다, 겨루다(= oppose) n. 경쟁 경연

> There was a by-election *contested* by six candidates. 여섯 명의 후보가 겨룬 보궐 선거가 있었다.

contestable a. 논쟁의 여지가 있는, 의심스런
contestant n. 경쟁자 / 이의 신청자

detest [ditést] vt. 몹시 싫어하다, 혐오하다(= abhor, despise, loathe)

> I *detest* the idea of giving up.
> 나는 포기라는 생각을 싫어한다.

detestable a. 혐오할 만한, 몹시 싫은
detestation n. 증오, 혐오

pretest [prí:tèst] vt. 예비시험을 보다 n. 예비시험, 예비검사

> The *pretest* narrowed down the field of candidates. 예비시험은 후보자 수를 줄였다.

Lend only that which you can afford to lose.

> **194.** Our financial habits and rituals are so familiar to us that we _______ stop to question them.
> (A) chiefly　　　　　(B) eagerly
> (C) positively　　　(D) rarely

chiefly [tʃíːfli] ad. 주로(= mainly, primarily) / 흔히, 대개

They failed in their attempt to scale Everest, *chiefly* because of the harsh weather conditions.
그들은 주로 안 좋은 기상 조건으로 인해 에베레스트 등정에 실패했다.

chief a. 최고의, 우두머리의, 주요한 n. 장(長)

eagerly [íːgərli] ad. 열심히, 간절히, 적극적으로 (= earnestly, anxiously)

They began to talk *eagerly*.
그들은 진지하게 이야기를 시작했다.

eager a. (서술적) 열망하는, 갈망하는 / 열심인

positively [pázətivli] ad. 확실히, 절대적으로, 정말로 / 적극적으로

You should participate more *positively* in the process. 당신은 그 과정에 좀더 적극적으로 참여하셔야 합니다.

positive a. 확신하는, 단정적인 / 긍정적인

rarely [rɛ́ərli] ad. 드물게, 좀처럼 ~않는 (= seldom, hardly)

Only *rarely* does he let his own views become public. 그는 좀처럼 그 자신의 견해를 세간에 발표하지 않는다.

rare a. 드문, 진귀한 / (고기가) 덜 구워진

 잃어버려도 괜찮은 것만빌려주어라.

195. Breaking the perfectionist habit isn't easy but having ________ with your errors is a step in the right direction.
(A) bundle
(B) celebration
(C) patience
(D) prediction

bundle [bʌ́ndl] n. 묶음, 꾸러미 vt. (꾸러미로) 묶다, 싸다 (= package, wrap)

The clothes are in a *bundle* outside.
옷가지들이 밖에 꾸러미로 묶여 있다.

celebration [sèləbréiʃən] n. 축하 (= commemoration) / 축전, 의식 (= ritual, feast) / 찬양

We held a *celebration* after we heard the news.
그 소식을 듣고 나서 우리는 잔치를 벌였다.
celebrate vt. 경축하다 / 찬양하다
celebrated a. 고명한, 유명한

patience [péiʃəns] n. 인내력, 참을성, 끈기 (= tolerance, endurance)

It requires great *patience* to teach children successfully. 아이들을 잘 가르치려면 상당한 인내심이 필요하다.
patient a. 인내심이 강한, 참을성 있는 n. 환자

prediction [pridíkʃən] n. 예언, 예측 (= projection, guess, outlook)

They can't make a *prediction* of the result without more information. 다른 정보가 없다면 그들은 그 결과에 대한 예상을 할 수 없다.
predict vt. 예언하다, 예보하다
predictable a. 예측할 수 있는

An old dog doesn't bark in vain.

196. Once you've decided where you want to go,
don't just sit _______ and wait for an
opportunity.
(A) back   (B) in
(C) on   (D) up

sit back (의자에) 깊숙히 앉다/ 수수방관하다

All you have to do is *sit back* and enjoy the fun.
당신이 하실 일은 가만히 앉아서 즐기는 것뿐입니다.

You can't just *sit back* and allow other people
to take control of your life. 그냥 가만히 앉아서 다
른 사람들이 당신의 인생을 마음대로 주무르게 놔둘 수는 없
습니다.

sit in (대회 등에) 참가하다

Please *sit in* on the first few interviews and
observe. 처음 몇 번의 인터뷰에 참가하셔서 지켜보십시오

sit on 꾸물거리다, 미루다

She's been *sitting on* those application forms
for weeks. 그녀는 몇 주일 동안 지원서의 처리를 미루어
왔다.

sit up 바른 자세로 앉다, 똑바로 앉다/ 자지 않고 일어나 있다

She *sat up* in bed when she saw him coming.
그녀는 그가 오는 것을 보고 침대에서 일어나 앉았다.

Sometimes I *sit up* reading until three or four in
the morning. 나는 가끔 새벽 세네 시까지 책을 읽으며
깨어 있다.

  늙은 개는 괜히 짖지 않는다.

197. As there have been many changes since the bulletin was printed, all participants will be given an ________ .
 (A) upbeat   (B) update
 (C) uplift   (D) upright

upbeat [ʌ́pbìːt] n. 상승, 오름세 a. 오름세의/ 낙관적인, 명랑한 (= cheerful, confident)
> The mood should be *upbeat* at the close of discussions. 토론이 끝날 때쯤엔 분위기가 고조될 것이다.

update [ʌpdéit] vt. (책 등을) 새롭게 하다, 최신의 것으로 하다 n. 최신정보
> He's *updating* the records to March of this year. 그는 올 3월까지의 기록을 갱신하고 있다.
> We need to *update* our computer system to remain competitive. 경쟁력을 유지하려면 우리는 컴퓨터 장비를 현대화해야 한다.

uplift [ʌplíft] vt. 사기를 올리다 (= inspire) / 들어올리다, 향상시키다 n. 올림, 향상
> The needy have been *uplifted* by aid from charities. 가난한 사람들은 자선기관의 도움을 받아 생계를 이어갔다.
> **uplifted** a. 올려진, 향상된

upright [ʌ́pràit] a. 똑바로 선, 수직의/ 곧은, 정직한 n. 수직상태 vt. 직립시키다
> The dog cannot stand *upright* anymore. 그 개는 더 이상 똑바로 서지 못한다.
> **uprightness** n. 청렴함, 정직

You can't teach an old dog new tricks.

> **178.** I'm not sure if the bridge is ______ enough to support us.
> (A) extreme (B) numerous
> (C) sturdy (D) swift

extreme [ikstríːm] a. 극도의, 심한, 최대의 (= radical, severe) n. 극단, 극치 (= ultimate)

People are capable of surviving in *extreme* conditions. 사람들은 혹독한 환경 속에서도 살아남을 수 있다.

extremely ad. 극도로, 극단적으로 / 아주, 몹시
extremity n. 끝, 말단 / 극한, 극도

numerous [njúːmərəs] a. 다수의, 수많은 (= several, abundant)

There are *numerous* reasons why I chose this community as my constituency. 내가 이 지역을 지역구로 선택한 데에는 여러 가지 이유가 있다.

sturdy [stɔ́ːrdi] a. 억센, 튼튼한 (= firm, strong) / 건전한, 착실한 (= secure)

Bulldogs are stocky and *sturdy* looking. 불독은 키가 작고 억세게 생겼다.

sturdily ad. 강하게 / 착실하게
sturdiness n. 억셈, 튼튼함 / 착실함

swift [swift] a. 빠른, 신속한 (= rapid, brisk) / 즉석의 / 곧 ~하는, ~하기 쉬운

Never make a *swift* decision about anything. 어떤 일에 대해서도 성급한 결정을 내리지 마십시오.

swiftly ad. 신속히, 빨리
swiftness n. 빠름, 신속함

 늙은 개에게 새로운 재주를 가르칠 수 없다.

199. The microphone wasn't working, so Mr. Butler had to speak _______ to be heard.
(A) for (B) on
(C) up (D) well

speak for ~ ~를 대변하다, ~를 변호하다 / 요구하다, 예약하다

I am *speaking for* all those affected by the storm. 나는 폭풍의 피해를 입은 모든 사람들을 대변해 이야기하고 있다.

This one is already *spoken for*, but that one is available. 이것은 이미 예약되어 있지만 저것은 이용할 수 있다.

speak up[out] 큰소리로 이야기하다 / 당당히 말하다, 거리낌없이 말하다

Never be frightened of *speaking up* for your beliefs. 당신의 신념을 자신 있게 밝히는 것을 두려워하지 마십시오.

Could you *speak up*? It's noisy here. 크게 말씀해 주시겠습니까? 이곳은 소란스럽군요.

speak well of ~ ~를 칭찬하다, ~를 좋게 말하다

It's very nice of you to *speak well of* me to everyone. 모든 사람에게 제 칭찬을 해주셔서 감사합니다.

A friend can't speak ill of you when you're absent. 친구라면 당신이 없을 때 험담을 하지 않을 것입니다.

speak ill of ~ ~를 험담하다, ~를 나쁘게 말하다

Everyone's business is nobody's business.

> **266.** Doctors don't _______ taking pain pills
> unless you really feel you need to.
> (A) advocate   (B) avert
> (C) generate   (D) manifest

advocate [ǽdvəkit] vt. 옹호하다, 변호하다, 지지하다
(= uphold) / 주장하다 n. 옹호자

He *advocated* the creation of a permanent
United Nations. 그는 영구적인 국가 연합을 지지했다.

advocacy n. 옹호, 지지 / 주장, 고취

avert [əvə́:rt] vt. (눈, 생각을) 돌리다, 피하다 (= deflect) /
막다(= prevent)

A war was *averted* by skilful negotiation.
능숙한 협상으로 전쟁을 피할 수 있었다.

aversion [əvə́:rʒən] n. 혐오, 반감

aversive a. 혐오하는, 기피하는

generate [dʒénərèit] vt. 낳다, 산출하다 / 발생시키다,
일으키다(= create, provoke)

The museum will *generate* new interest in
ancient history. 그 박물관은 고대사에 대한 새로운 관
심을 불러일으킬 것이다.

generation n. 산출, 발생 / 한 세대

generator n. 발전기, 발생 장치

manifest [mǽnəfèst] a. 명백한, 분명한(= apparent)
vt. 명백히 하다, 드러내다(= reveal)

The disease *manifested* itself as a severe rash
across his back. 그 병은 그의 등에 난 심한 두드러기로
나타났다.

manifestation n. 표현, 표시 / 시위, 데모

 모든 사람이 관계하는 일은 누구도 책임을 지지 않는다.

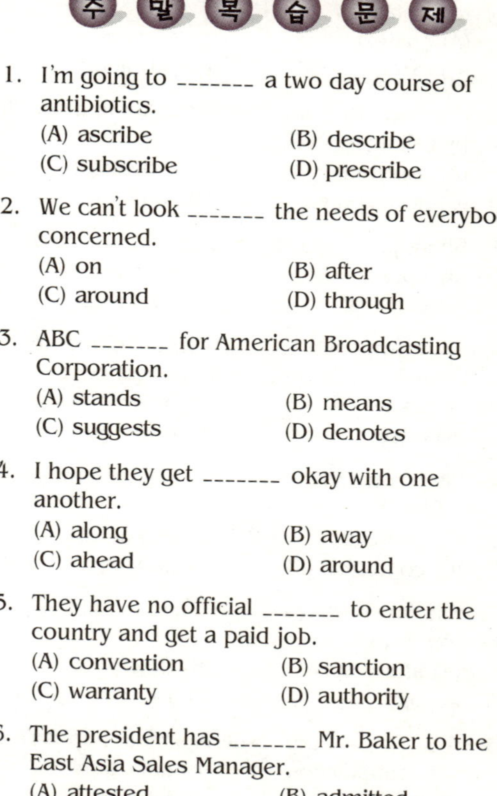

1. I'm going to ________ a two day course of antibiotics.
   (A) ascribe   (B) describe
   (C) subscribe   (D) prescribe

2. We can't look ________ the needs of everybody concerned.
   (A) on   (B) after
   (C) around   (D) through

3. ABC ________ for American Broadcasting Corporation.
   (A) stands   (B) means
   (C) suggests   (D) denotes

4. I hope they get ________ okay with one another.
   (A) along   (B) away
   (C) ahead   (D) around

5. They have no official ________ to enter the country and get a paid job.
   (A) convention   (B) sanction
   (C) warranty   (D) authority

6. The president has ________ Mr. Baker to the East Asia Sales Manager.
   (A) attested   (B) admitted
   (C) appointed   (D) applauded

7. He's not sure in what _______ the events took place.
   (A) context   (B) element
   (C) extent   (D) indication

8. I _______ that Mr. Jones was still in his room by calling reception.
   (A) asserted   (B) convinced
   (C) accustomed   (D) confirmed

9. Share price changes are difficult to _______.
   (A) upcast   (B) telecast
   (C) overcast   (D) forecast

10. Your proposal, _______ complete in other regards, neglected the subject of cost.
    (A) while   (B) now
    (C) once   (D) provided

11. They couldn't _______ the original atmosphere of the bar.
    (A) confuse   (B) reproduce
    (C) confound   (D) survive

12. The meeting was called _______ until tomorrow.
    (A) after   (B) down
    (C) off   (D) for

13. A _______ of the result is almost impossible.
    (A) contradiction   (B) addiction
    (C) prediction   (D) interdiction

14. George is a very cautious person and never makes a _______ decision about anything.
    - (A) upright
    - (B) sturdy
    - (C) swift
    - (D) numerous

15. Our workers and supervisors regularly get _______ to discuss various matters.
    - (A) away
    - (B) along
    - (C) through
    - (D) together

1일째

1. (B) analysis 분석

Robert의 분석은 그 문제의 장기적인 영향을 고려하지 않았다
고 생각한다.

2. (B) overhead 일반 경비

우리는 비용을 줄이기 위해 모든 지출을 정확히 기록하고 일반
경비를 아낄 수 있는 방법을 찾아야 한다.

3. (D) sizable 상당한

우리들 대부분에게 있어서 컴퓨터를 구입한다는 것은 2,000에
서 5,000불 사이의 상당한 투자를 의미한다.

4. (C) application 신청

Metro Department 회원카드에 대한 귀하의 신청이 승인되었
습니다.

5. (A) contact 연락하다

저희는 귀하의 연체금과 관련해 지난 4개월간 계속해 귀하와 연
락하려 했었습니다.

6. (A) released 발표된

시 당국에서 1998년 11월에 공개한 통계 자료에 의하면 75%의
젊은 실업자들은 미취학 아동을 기르고 있는 젊은 여성들이다.

7. (A) estimate 견적

Twin City Plaza Project의 냉방시설 공사에 대한 공사 내역
과 공사비 견적을 제출해 주셔서 감사합니다.

8. **(D)** **free** 무료의

추가 사은품으로 귀하의 첫 주문 상품과 함께 휴대용 테이프 절단기를 무료로 보내드리겠습니다.

9. **(C)** **appreciation** 고마움

상여금은 모든 사람의 헌신적인 노력에 대해 고마움을 표하는 한 가지 방법이다.

10. **(B)** **leave out** 제거하다

광고의 목적을 확정하고 그 목적에 직접 도움이 되지 않는 것들은 모두 제외시키십시오.

2일째

11. **(C)** **assign** 할당하다

관리자들은 직원이 할당된 모든 과제에 대해 명확한 목표를 제시해야 한다.

12. **(C)** **adequate** 타당한

무자비한 범세계적 경쟁에 직면한 기업들은 그들의 낡은 경영 방식이 더 이상 적절하지 않음을 깨닫게 되었다.

13. **(C)** **undergo** 겪다

현대적 경영 용어나 그것이 기초하고 있는 기본 개념은 엄청난 변화를 겪고 있다.

14. **(C)** **intention** 의도

혁명은 흔히 어떤 체제를 단지 개선시키려는 의도에서 출발해 결국 그 체제를 붕괴시킨다.

15. **(B)** **in isolation** 분리하여

분리된 개개의 과제가 아니라 원하는 목표를 달성하게 하는 종합적인 과제들 전체에 관심을 기울여야 합니다.

16. **(A)** **assess** 평가하다

재무 전문가는 어떤 제품을 만들고 판매해 이익을 남길 수 있을 지 평가한다.

17. **(D)** **fragment** 잘게 나누다

노동의 전문화를 지지하는 이들은 어떤 과정을 단순한 과제로 잘게 나누어야 성과가 오른다고 주장했다.

18. **(A)** **reconciliation** 조정

우리가 소매상에 보낸 송장의 40%에 실수가 있었고 그 결과 어 마어마한 정정 비용이 들었다.

19. **(B)** **capacity** 능력

살 수 있는 물건보다 더 많은 구매자가 있는 상황에선 기업들이 시장의 수요가 아닌 생산 능력에 의해 제한을 받는다.

20. **(A)** **transfer** 옮기다

우리는 고객이 전화했을 때 그 전화를 여기저기로 연결시킴으로 써 얼마나 그들을 짜증나게 하는지 종종 잊어버린다.

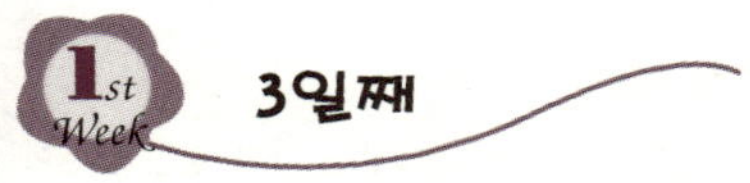

3일째

21. **(A)** **initiative** 주도권

나는 팀 안에서 다른 사람들보다 많은 주도권을 행사했기 때문 에 결국 지도자의 위치를 차지하게 되었다.

22. **(A)** **adapt** 적응하다

우리가 그 계획을 도입했을 때 어떤 이들은 그것을 제대로 이해 하지 못했고 새로운 상황에 적응할 수 없었다.

23. **(C)** **responsibility** 책임

그 회사는 서비스 기술자들을 특정 지역에 대해 책임지는 작은 팀들로 나누었다.

24. **(D)** **put together** 모으다

개별적인 작업들은 그것들이 모아졌을 때에만 가치를 창출한다.

25. **(D)** **department** 부서

기업의 기본 단위는 공통된 임무를 수행하는 사람들이 모인 기능적 부서였다.

26. **(D)** **hand down** 전하다

그 사람들은 회사의 목표가 그저 주어진 무언가가 아니라 자신들의 목표라고 생각한다.

27. **(D)** **professional** 전문가

전문가는 임무를 수행하는 사람이 아니라 목표 달성에 책임을 지는 사람이다.

28. **(B)** **provisions** 조항

최근에 많은 관심을 끌었던 화재 사건은 건축물의 화재 방지 규정에 새로운 조항을 도입하게 만들었다.

29. **(C)** **comprehensive** 포괄적인

규정과 지침이 아무리 많더라도 모든 상황에 적용될 만큼 포괄적일 수는 없다.

30. **(B)** **routine** 틀에 박힌

전통적인 조직에서는 이상주의적이고 야망을 가진 많은 젊은이들이 금새 그들에게 주어진 일을 틀에 박히고 지루한 일로 여기게 된다.

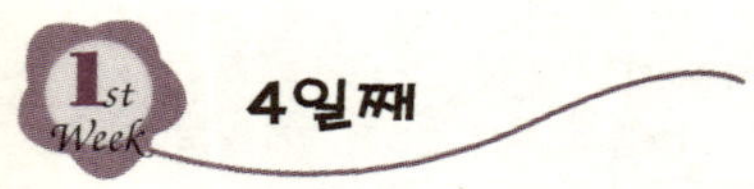

4일째

31. **(C)** **resistance** 저항

그들은 극한 온도 조건에 대한 내성과 화학 물질에 대한 저항력 때문에 그 새로운 합성 물질에 관심을 가졌다.

32. (A) expand 팽창하다

시간이 지나면서 부가가치가 없는 업무가 부가가치가 있는 업무를 압도할 지경에 이르도록 늘어났다.

33. (C) dispatch 파견하다

고객이 정전(停電)을 신고하면 그들은 장비와 전선을 점검하고 필요할 경우 기술자를 파견한다.

34. (A) pave the way 가능하게 하다

적절한 홍보에 힘쓴다면 결과적으로 우리의 소프트웨어가 더 판매되는 데 도움이 될 수 있다.

35. (B) visible 분명한

노력의 성과가 분명하다면 일하는 사람은 그 성과와 밀접히 연계됨을 느끼게 된다.

36. (A) care about 관심을 갖다

어떤 소비자는 기업 이미지나 경영 철학에는 관심이 없고 오직 제품만을 본다.

37. (B) substitutes 대체물

귀하가 원하시는 부품은 현재 재고가 떨어졌지만 그것을 대신할 대체물을 소개해 드릴 수 있어 다행으로 생각합니다.

38. (B) in force 적용이 되는

손해사정인은 사고가 난 차를 검사한 다음 보상 규정이 적용될 수 있는지 말할 수 있다.

39. (A) promote 촉진하다

공유된 목표, 즉 한 조직의 모든 성원이 바라는 성과에 대한 공통의 관심은 반드시 더 활발한 협력을 가져온다.

40. (D) representative 대표자

우리는 한 시간의 기획 회의를 계획하고 있으며 귀하의 대표자가 그 회의에 참석했으면 좋겠습니다.

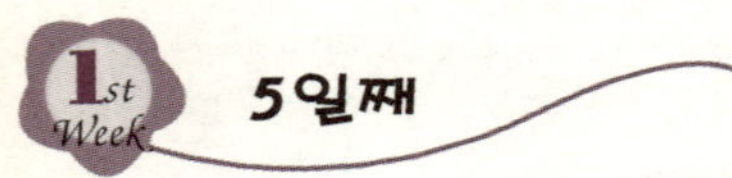

5일째

41. (D) associated 관련된

제품 개발에 대한 일을 하는 기술자는 제품 개발과 관련된 모든 것을 이해하고 있어야 한다.

42. (C) deprive 빼앗다

너무 많은 규제는 직원에게서 자율권과 스스로의 독창성을 구사할 수 있는 가능성을 빼앗는다.

43. (C) take action 행동하다

과도한 양의 알코올을 섭취하게 되면 적절한 행동을 취할 수 있는 능력이 상실된다.

44. (A) fill out 작성하다

전통적인 기업에 채용된 대부분의 공학계 졸업자들은 하루 중의 많은 시간을 서류를 작성하고 회의에 참석하면서 보낸다.

45. (C) appreciate 이해하다

어떤 생각을 머리로 아는 것과 그 의미를 진짜 이해하는 것에는 큰 차이가 있다.

46. (A) capable of 할 수 있는

자율성, 책임성, 그리고 의사 결정을 요하는 일을 할 수 있는 직원은 감독할 필요가 없다.

47. (D) fall behind 뒤지다

시대의 흐름을 따라가지 않으면 뒤쳐져 가는 자신을 발견하게 될 것이다.

48. (C) component 구성 성분

기계적인 일은 생략되거나 자동화될 수 있기 때문에 현대의 일에서 점점 더 작은 부분이 되어가고 있다.

49. (C) inquiries 문의

서비스를 담당하고 있는 직원은 예상할 수 있는 일련의 고객 문의에 답할 수 있도록 준비되어야 한다.

50. (B) matter 중요하다

스스로 동기를 부여하는 사람들은 자신의 일을 남이 지켜보기 때문이 아니라 자신에게 그것이 중요하기 때문에 정확히 한다.

 **주말 복습문제**

1. (A) take into consideration 고려하다 <1>

관련된 모든 변수들을 반드시 고려하십시오.

2. (C) stimulate 자극하다 <45>

장소의 변화가 직원들에게 자극을 줄 수 있다.

3. (C) profession 직업 <27>

그는 지난 10년간 직업을 세 번 바꾸었다.

4. (D) withstand 견디다 <31>

그녀는 장기적인 공개 조사를 견딜 수 있을 만큼 강하지 못하다.

5. (B) put out 발표하다 <10>

그들은 합의 사항을 요약한 성명서를 발표했다.

6. (B) provision 조항 <28>

그 법의 조항들은 아직 의회의 비준을 받아야 한다.

7. (C) fall behind 뒤쳐지다 <47>

다른 입찰자에게 그 계약을 빼앗길 수 있을 정도로 일이 늦어진 것은 유감스럽다.

8. **(A) adverse** 반대의 <49>

어떤 이들은 이 약을 복용한 후 부작용을 겪을 수 있다.

9. **(B) applicant** 지원자 <4>

그 시험은 그 일에 지원한 사람들을 심사하는 데 도움이 될 것이다.

10. **(B) take into account** 참작하다 <13>

다양한 의견을 참작해야 합니다.

11. **(C) put aside** 남겨두다 <24>

월급의 일부를 퇴직 적립금으로 남겨 두십시오.

12. **(B) substitute** 바꾸다 <37>

그들은 그 소동이 있는 동안 진짜 그림을 위조품으로 뒤바꿀 계획이다.

13. **(B) promote** 촉진하다 <39>

우리 제품을 여러 해외 시장에 소개하고 판매를 촉진하는 것이 내 일이다.

14. **(A) result in ~** 결국 ~이 되다 <43>

이 사건으로 해서 결국 우리 제품에 대한 소비자의 신뢰를 잃을 수도 있다.

15. **(A) end up with ~** 결국 ~이 되다 <21>

이 재고를 처분하지 못하면 나는 결국 막대한 과다 재고를 떠안게 될 것이다.

2nd Week 1일째

51. (B) neglect 무시하다

불필요한 직함을 없애는 일은 아주 좋지만, 그것들이 모두 불필요하다고 할 수는 없다.

52. (B) intelligence 지능

개인적 특성은 한 사람의 성격을 규정하며 지원자를 평가하는 데 있어 지능만큼이나 중요하다.

53. (B) excess 초과

배급자는 본사가 권장하는 최대 할인가를 넘는 가격으로 상품을 되팔 수 없다.

54. (A) success 성공

어떤 직업에서든지 성공하기 위해서는 세 가지 선결 조건이 있는데, 지식, 통찰력, 그리고 인내심이 그것들이다.

55. (C) bring to one's attention 알아차리게 하다

같은 실수를 되풀이하도록 내버려두기보다는 그 실수를 알아차리게 하는 것이 낫다.

56. (B) subject to ~ ~의 의무가 있는

대부분의 승객들은 관세를 물어야 하는 물품을 자발적으로 신고하라고 요구받는다.

57. (D) encourage 장려하다

조직은 조직이 바라는 유형의 행동을 장려하는 방식으로 보상한다.

58. (D) as a whole 전반적인

한 사업의 관리자는 개별적인 특수 분야의 전문가가 아니라 전체적인 과정의 전문가이다.

59. (A) mission 임무
개인적으로 일하든 한 조직의 일부로 일하든 전문가의 임무는 목표를 달성하는 것이다.

60. (D) complaints 불만
고객의 불만을 해결하는 가장 좋은 방법을 찾고 조직화하는 것이 대고객 서비스 관리자의 일이다.

2일째
2nd Week

61. (D) quarantine 검역
외국에서 들어오는 승객이 소지하고 있는 모든 식물은 식물 검역소 직원에 신고해야 한다.

62. (D) competitive 경쟁력 있는
비생산적인 활동을 제거하는 일은 약간의 개선을 가져오지만 한 기업이 경쟁력을 유지하게 하는 덴 충분치 않다.

63. (D) break down into 나누다
주어진 임무가 크고 복잡하다면 그것을 단순한 과제로 나누는 것이 필요할 수 있다.

64. (B) designated 지정된
세금을 물어야 하는 물품은 우선 세관을 통과한 다음 지정된 은행에 그 만큼을 납부해도 됩니다.

65. (C) remain 남다
아무리 당신의 상품이 우월하더라도 현재의 변화하는 시장 여건에서는 오랫동안 우월성을 유지하지 못할 것입니다.

66. (A) despite ~에도 불구하고
팀이라는 개념이 현재 인기를 끌고 있지만 사실상 많은 사람들이 팀으로 일해본 경험을 갖고 있지 못하다.

67. (A) select 선발하다

흔히 부서장은 그 부서의 실무를 가장 잘 처리할 수 있는 사람이기 때문에 선발된다.

68. (D) pull out of ~ ~를 벗어나다

그 대통령은 조국을 최악의 위기에서 구해냈고 만성적인 초인플레이션을 관리가 가능한 수준으로 끌어내렸다.

69. (A) unless ~이지 않으면

품질관리 운동의 성과는 그것을 유지하려는 계속된 노력이 없다면 오래가지 못할 것이다.

70. (B) instead of ~ ~ 대신

경우에 따라서는 그때 그때 간섭하는 대신 실수를 저질러 그것을 통해 배울 수 있도록 내버려두는 게 필요하다.

71. (B) receptive 이해력이 빠른

넓은 의미에서 보면 외국의 말과 문화에 대한 공부는 새로운 생각을 더 잘 받아들이는 훈련이 된다.

72. (A) revenue 수입

우리의 활동과 정력은 기업 이익의 원천이 되는 고객에게 집중되어야 한다.

73. (D) implement 실행하다

그것을 집행할 의사가 없는 전략적 기획은 말에 지나지 않으며 쓸데없는 서류 다발일 뿐이다.

74. (B) determinant 결정 요소

장기적으로 제품의 성패를 좌우하는 결정 요소는 그것의 품질이다.

75. (C) come up with ~ ~를 생각해내다

그는 새로운 소프트웨어 제품을 위한 아이디어를 개발하는 데 도움이 되었다.

76. (C) requisition 청구서

Bill의 회사 사람들이 무언가를 사고 싶으면 그에게 구매 청구서를 보낸다.

77. (D) notify 통지하다

동봉한 반신 봉투로 115.60불의 수표나 우편환을 보내시고 아니면 언제 우리가 지불받을 수 있는지 통지해 주십시오.

78. (B) exclusive 독점적인

독점 구역이란 다른 어떤 도매상도 그 제조회사의 제품을 그 지역에서 팔 수 없다는 뜻이다.

79. (A) along with ~ ~와 함께

11월 30일에는 모든 직원에게 정규 급여와 함께 수당이 지급될 것이다.

80. (A) flow 흐르다

직원들이 갖고 있는 큰 불만 중의 하나는 정보가 한 방향으로만, 즉 경영층에서 그 밑으로만 흐른다는 것이다.

2nd Week 4일째

81. (B) display 진열

한 가게에 들어온 대부분의 손님이 그 물건을 볼 수 있는 장소가 가장 좋은 진열 공간이다.

82. (A) treat 대접하다

어제 저녁 훌륭한 태국 음식점을 골라 저녁을 대접해 주신 점 고맙습니다.

83. (B) send out 보내다

크리스마스 카드를 보내는 것이 지연되어 귀하는 크리스마스 이후에 카드를 받으실 수도 있습니다.

84. (B) compared to ~ ~에 비교하여

K-III Press는 작년 동기와 비교했을 때 3분기의 이익이 30% 증가했다고 발표했다.

85. (C) due to ~ ~ 때문에

Freeman은 최근의 국제적 인기로 인해 첫 연주가로 선정되었다.

86. (D) selective 까다로운

고급 기술을 갖고 있는 직원들을 채용해야 할 필요는 고용주들이 직원 선발과 채용에 더욱 신중해지도록 만들었다.

87. (C) coupled with ~ ~와 함께

환경 파괴에 대한 인식의 확산과 함께 유가의 상승은 대체 에너지원에 대한 관심을 불러일으켰다.

88. (B) prospect 전망

소득세의 인상은 집권 보수당의 재집권 가능성에 타격을 줄 것으로 예상된다.

89. (C) qualified 자격이 있는

중장비 제조의 선도업체에서 유능한 아시아 영업 책임자를 찾습니다.

90. (A) second to none 최고의

우리는 최고의 주택 경비 서비스를 제공함으로써 고객의 신뢰를 얻었다.

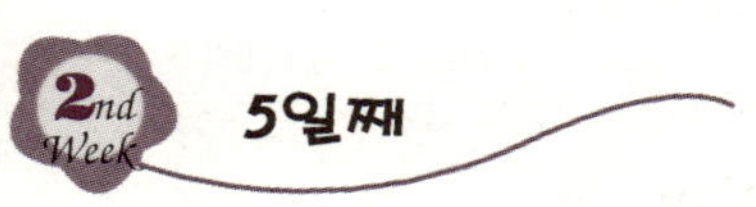

2nd Week 5일째

91. (A) account for ~ ~를 설명하다

대학의 등록률이 증가한 큰 이유는 최근의 경기 침체로 일자리를 구할 수 없다는 점에 있다.

92. (B) detector 감지기

소방국장은 우리가 2층에 화재 감지기를 추가로 설치해야 한다고 권고했다.

93. (A) on business 업무 관계로

여행자들에게 비행기 여행의 피로는 약간 불편한 것에 지나지 않지만 업무상 여행하는 이들에겐 보다 심각한 결과를 가져올 수도 있다.

94. (B) inform 알리다

귀하가 주문하신 음향기기의 플러그와 어댑터의 배달이 지연됨을 알려드리게 되어 죄송합니다.

95. (B) industrial 산업의

산업 공해는 주로 발전소와 기초 철강재를 생산하는 공장에서 만들어진다.

96. (D) substitute 대리인

놀라운 기술적 진보에도 불구하고 아직 숙련된 정보 전달자를 대신할 수 있는 것은 없다.

97. (B) on one's behalf ~를 위하여

저를 위해 Axel 관측소의 Alice Davis 박사에게 추천서를 보내주실 수 있겠습니까?

98. (D) oversight 간과

본문에서 몇 개의 오자를 발견했는데 우리 양측이 모두 소홀하여 이러한 실수가 발생했다고 봅니다.

99. (D) executives 중역

JJA는 147개 이상의 강좌를 개설하였고 85,000명 이상의 중역, 간부 및 전문직 종사자를 교육하였다.

100. (D) reasonable 적절한

꼬박 1년을 운영하기에 충분한 자금이 초기 자금의 적절한 기준이다.

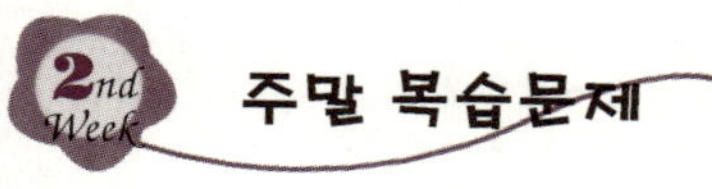

주말 복습문제

1. **(C) break down (into ~)** (~으로) 나누다
어려운 개념은 일련의 논리적 과정으로 나누어질 수 있다.

2. **(B) account for ~** ~의 비율을 차지하다
업무용 문구가 우리 제품의 대다수를 차지한다.

3. **(A) liable** 책임이 있는
그의 서명을 받아두지 않으면 그는 손해에 대해 책임을 지지 않을 겁니다.

4. **(D) qualification** 자격(증)
그 일자리에는 특별한 기술 자격증이 요구된다.

5. **(B) excessive** 지나친
너무 많은 비는 흙에서 유용한 광물질을 씻어내 버린다.

6. **(B) on account of ~** ~ 때문에
우리는 수질이 안 좋기 때문에 수돗물을 모두 끓여 써야 했다.

7. **(C) supposing (that) ~** 만일 ~라면
Brent가 해고된다면 누가 그의 일을 맡을 것인가?

8. **(D) as a whole** 전반적으로
지역적인 이해를 무시하고 나라 전체를 생각하십시오.

9. **(A) deposit** 입금하다
반드시 오늘 업무 시간이 끝나기 전에 계좌로 돈을 입금하십시오.

10. **(D) consequences** 결과
우리는 결과야 어찌되든 Las Vegas를 떠나기로 결심했다.

11. (A) accord (with) 일치하다
나는 그 글의 내용을 우리의 임무에 맞게 수정했다.

12. (C) along with ~ ~와 함께
모니터가 프린터와 함께 사무실로 배달되었다.

13. (D) furnish 제공하다
그들은 우리에게 최신 통신 장비를 제공했다.

14. (B) on behalf of ~ ~를 대표해
나는 고래 보호 운동을 대표해 연설할 것이다.

15. (D) in connection with ~ ~와 관련해
경찰은 무장 강도 사건과 관련해 그를 심문하려 했다.

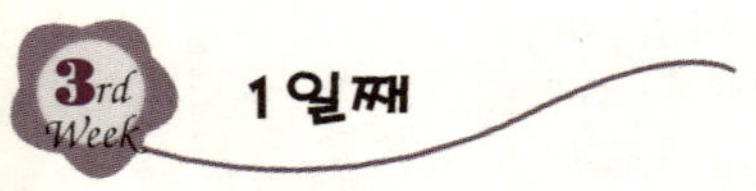

101. (A) by far 단연
남성의 탈모증 중에서 단연 가장 빈도가 높은 것은 남성형 탈모증으로 알려져 있다.

102. (A) get to ~ ~에 (정신적, 육체적) 영향을 미치다
현기증, 메스꺼움, 두통, 흥분, 근육 경련 등은 모두 더위가 당신의 건강을 해치고 있다는 신호입니다.

103. (C) indicate 나타내다
ISO 9000 꼬리표의 9000은 단지 그 기업이 제조업체임을 나타낸다.

104. (D) to one's attention ~ 앞으로
서류를 작성해 제 앞으로 반송해 주십시오.

105. (C) free of charge 무료로
공급자는 운전 및 보수에 대한 무료 안내서를 만들어야 한다.

106. (C) **alternative** 대안

최선의 대안을 찾는 일은 매우 중요한데, 이는 회사의 미래가 우리의 결정에 달려 있기 때문이다.

107. (C) **loss** 손실

작년에 건물 화재로 발생한 재산 피해의 추정액은 약 10조 달러이다.

108. (C) **take advantage of ~** ~를 활용하다

가전 사업부는 항구로의 편리한 교통을 이용하기 위해 새로운 공장 부지로 이전할 것이다.

109. (B) **restore** 재건하다

국가경쟁력을 되찾고 위대한 사회라는 우리의 꿈을 실현하기 위해 창조적인 방안이 마련되어야 한다.

110. (D) **provide ~ with …** ~에게 …를 제공하다

전문 강사와의 1대1 수업은 학생에게 가장 실질적인 훈련을 제공해 준다.

3rd Week 2일째

111. (B) **range** ~의 범위에 걸치다

과거 경험을 바탕으로 우리는 그 사업에 드는 비용이 12만불에서 14만불에 이를 거라고 예상한다.

112. (B) **refer to ~** ~라 부르다

컴퓨터 및 그 관련 장비를 운영하는 프로그램을 소프트웨어라 부른다.

113. (C) **prospective** 가망이 있는

경우에 따라서는 고용 예정자가 더 상세한 정보를 얻기 위해 연락할 수 있는 사람들의 이름을 나열해야 한다.

114. (D) in violation of ~ ~를 위반하고

Trans Union은 소비자의 개인 정보 공개 금지법을 어기고 고객의 신용 정보를 판매해 고발되었다.

115. (A) look up 찾아보다

공공 인터넷 사이트인 Consumer World에서 낮은 이자율의 주택담보대출이나 자동차의 도매 시세를 찾아볼 수 있다.

116. (D) ~ out of … … 가운데 ~

성인 네 명 가운데 약 세 명이 언젠가 한번쯤 앓게 되는 편두통 치료에 큰 발전이 있었다.

117. (D) wear off 점점 사라지다

코데인 같은 진통제는 약효가 떨어질 때 흔히 반사적인 두통을 가져오며 많은 사람들로 하여금 복용량을 늘이게 만든다.

118. (B) meet a criterion 기준에 맞다

표적 판매는 어떤 기준에 맞는 고객의 목록을 만들기 위해 소비자 보고서에서 얻은 정보를 사용한다.

119. (C) opportunity 기회

너무 빠르게 성장하는 기업은 모든 기회를 활용할 수 있는 잘 교육된 직원을 충분히 갖고 있지 못하다.

120. (C) retard 지연시키다

경영진은 아직 기업이 성장 중일 때 노쇠화를 막기 위한 조치를 취해야 한다.

121. (B) delegate 위임하다

재무 부서가 예산을 정하면 최고 경영진은 그것을 승인하고 각 부서의 책임자에게 위임한다.

122. (B) end up ~으로 끝나다

명확한 사명이 없을 때, 미래를 개척하는 대신 흔히 과거를 답습하는 것으로 끝나게 된다.

123. (D) strip away 제거하다

소비자 단체들은 입법자들이 꼭 필요한 소비자 보호 조항을 없앨 것이 우려된다고 말했다.

124. (C) enact (법률을) 제정하다

그 법안의 지지자들은 올해 안에 의회가 그 개혁 법안을 제정할 거라는 희망을 갖고 있다.

125. (B) make the most of ~ ~를 최대한 활용하다

비슷한 처지를 경험했던 사람들과 이야기를 나누고 당신을 도와줄 수 있는 친구들을 최대한 활용하십시오.

126. (D) hold back 방해하다

남편과 자녀가 당신의 직장 복귀에 반대할 수 있지만 그들이 갖고 있는 변화에 대한 두려움 때문에 방해받지 마십시오.

127. (D) reaction 반응

기대하지 않았던 변화에 대한 자연스러운 반응은 거부 또는 의혹일 수 있지만 불가피한 일을 받아들이지 않으려고 해봤자 소용이 없을 것이다.

128. (D) in return 그 대가로

친구가 당신에게 선물을 줄 땐 흔히 그 대가로 그 선물이 마음에 든다는 인사를 기대한다.

129. (B) initially 처음에

당신은 그들과 함께 있는 게 처음에 생각했던 것보다 더 즐겁다는 것을 깨달을 수 있습니다.

130. (C) put in (시간 등을) 들이다

그들의 직무 성적에는 문제가 없지만 많은 사람들이 그들의 동료가 직장에서 더 많은 시간을 보낸다는 점에 죄의식을 느낀다.

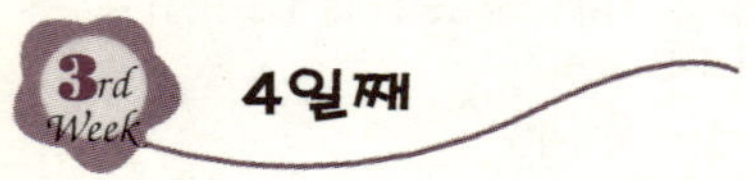

3rd Week 4일째

131. (D) for the sake of ~ ~를 위해
그의 행동은 그가 팀의 사기를 위해 자신의 이익을 포기할 의사가 있음을 보여준다.

132. (C) given (that) ~ ~를 감안하면
선물을 사는 데 들인 시간과 돈을 감안하면 우리는 그에 대한 감사를 기대할 만하다.

133. (D) successor 후임자
우리 부서장은 퇴임을 앞두고 있으며 우리 부서에서 내 고참이 되는 누군가가 그의 후임자가 될 것이 분명하다.

134. (A) personal 개인의
어떤 사장들은 직원에게 자신의 사생활에 대해 이야기하는 것을 불편해 한다.

135. (C) hang out 오래 머무르다
그녀가 당신의 집에 오래 머무르는 것이 싫다면 그녀를 그렇게 자주 초대하지 마십시오.

136. (B) constantly 끊임없이
다른 사람들과 비교해 어떻게 보이는지 비교해 보고 또 비교해 보는 사람들이 있다.

137. (A) do one's best 최선을 다하다
직장은 경쟁을 바탕으로 운영되지만 서로가 서로를 정중히 대하기 위해 최선을 다할 것을 약속해야 한다.

138. (D) divulge 밝히다
대부분의 사람들은 그들의 보수에 대해 밝히는 것을 불편해 하지만 그것을 숨기는 것도 불편해 한다.

139. (D) devastate 큰 피해를 주다

친구에게 어떤 소문에 대해 경고해 줄 필요가 있을 때는 그 소문으로 인해 친구가 큰 피해를 입을 수 있는 경우뿐이다.

140. (C) instead of ~ ~하는 대신

그 요구 사항이 당신에게 얼마나 중요한 것인지를 강조하는 대신 당신의 고객에게 얼마나 도움이 될 수 있는지 강조하십시오.

5일째

141. (C) spell out 분명히 말하다

무엇을 요구할 때는 돌려 말하지 말고 원하는 것을 분명히 밝히십시오.

142. (D) relate 관련시키다

당신의 특별한 점 서너 가지를 골라 면접 도중 그 일자리를 위한 자격 조건과 간결히 연결시키십시오.

143. (C) keep up with ~ ~에 뒤떨어지지 않다

당신이 하고 있는 일에 걸맞는 보수를 받는 데 가장 좋은 방법은 상급자에게 정기적으로 당신의 직무를 재평가해 달라고 요청하는 것입니다.

144. (B) give up 그만두다

그들의 가정을 꾸미기로 결정했을 때 그녀는 아이들을 돌보기 위해 병원의 사무원이라는 그녀의 직업을 그만두는 데 동의했다.

145. (B) as long as ~ ~인 한

주간 탁아소에 맡겨지는 아이들도 사랑이 넘치고 안정된 가정 환경을 갖고 있다면 정신적으로나 정서적으로 건강하다.

146. (C) fiscal 회계의

회사의 회계연도가 언제 시작하는지 알고 있다가, 예산이 확정되기 전 일찌감치 급여 인상을 협상하십시오.

147. (D) set out 마련하다

적극적인 실천 계획을 마련하고 반드시 그것을 실행하도록 하십시오.

148. (D) underpaid 보수가 낮은

당신의 상관에게 당신이 정말 낮은 보수를 받고 있음을 증명하는 것이 급여 인상을 요구할 때 매우 효과적인 방법의 하나입니다.

149. (D) specialize 전문으로 하다

인력자원 부서는 임금 수준에 대한 연구를 전문으로 하고 있는 회사로부터 구매한 급여 조사서에 기초하여 급여 수준을 정한다.

150. (A) affirmn 확인시키다

같이 할 수 있는 일을 계속해서 권하는 것은 당신이 그녀와 함께 있는 것을 좋아한다는 점을 확인시켜줄 것입니다.

주말 복습문제

1. (C) come up with ～ ～를 생각해내다

우리가 내일 점심 때까지 해결책을 찾아낼 수 있을까요?

2. (B) at the expense of ～ ～를 희생시켜

서비스의 속도를 위해 품질을 희생시켜서는 안 된다.

3. (B) turn off (전등 등을) 끄다

스위치가 움직이지 않아 난로를 끌 수 없었다.

4. (A) in return 대가로

이 모든 고생의 대가로 우리는 무엇을 얻습니까?

5. (D) provide ～ for … …에게 ～를 주다

우리는 올 겨울 집 없는 이들에게 거처할 곳을 제공해야 한다.

6. **(D) setbacks** 실패

아폴로 사업이 성공하기 전까지 그들은 수많은 실패를 겪어야
했고 이겨내야 했다.

7. **(C) besides** ~외에

이탈리아와 스위스 말고 어디에 가봤습니까?

8. **(A) accordingly** 그에 따라

그는 전혀 양심이 없는 범죄자이며 그에 따른 처분을 받아야
한다.

9. **(D) get along with ~** ~를 잘 해내다

Chris는 그의 특별 임무를 어떻게 해 나가고 있습니까?

10. **(B) refer to ~ as …** ~를 …라고 부르다

New York은 big apple이라는 애칭으로 불린다.

11. **(C) delegate** 위임하다

우리의 상사는 너무 많은 과제로 압박을 받았기 때문에 우리에
게 그 일을 위임했다.

12. **(A) attach** 첨부하다

Dr. Hampton에게 보낸 편지엔 그의 논문 목록이 첨부되어 있
었다.

13. **(D) make up for ~** ~를 보충하다

우리에게 필요한 것은 자원의 부족을 보충할 수 있는 뛰어난 아
이디어이다.

14. **(D) catch up with ~** ~를 따라잡다

그 선도 대형 제조업체는 새로 만들어진 업체가 따라오지 못하
게 하려고 노력한다.

15. **(C) make the most of ~** ~를 최대한 활용하다

빡빡한 일정을 감안한다면 우리는 갖고 있는 시간을 최대한 활
용해야 한다.

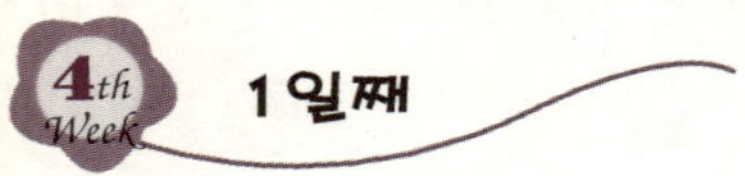

151. (C) nevertheless 그렇지만

그녀의 아픔을 상상할 수 있을 뿐이지만 공감할 수 있다.

152. (D) make a point of ~ 반드시 ~하다

나는 통행료 징수소나 기타 많은 차들이 합쳐지는 지점에서 내 앞에 꼭 다른 차 한 대를 끼워주고 있다.

153. (A) accustomed 익숙한

직장은 제2의 집과 같고 당신이 그 일을 좋아하지 않는다 하더라도 일과에 익숙해진다.

154. (D) shake 흔들다

해고된다는 것은 당신의 자신감과 소속감을 뒤흔드는 불안한 경험일 수 있다.

155. (B) persuasive 설득력 있는

설득력을 갖으려면 능력이 있어 보이는 동시에 호감을 줘야 한다는 것을 알게 되었다.

156. (B) instill 주입시키다

당신에 대한 신뢰감을 주입시키려면, 당신이 믿을 수 있는 사람이라는 것을 증명할 수 있는 기회를 찾아내야 한다.

157. (D) warranty 보증

그 보증이 인건비에 한정된 것이라면 소비자는 수리에 필요한 모든 부품에 대해 값을 지불해야 한다.

158. (B) disorderly 혼란스러운

당신의 지저분한 책상은 혼란스러운 사고의 상징으로 받아들여질 수 있다.

159. (C) hazard 위험

적대적이거나 공격적인 운전자는 실제로 운전 기술이 부족한 운전자만큼이나 도로에서 큰 위험이 될 수 있다.

160. (B) dominant 공격적인

목소리를 높이고 손짓을 하는 등 위협적인 화술을 구사한 이들은 설득력이 있어 보이지 않았다.

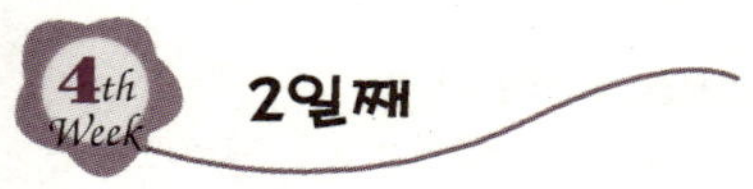

4th Week 2일째

161. (A) go without saying (that ~) ~임은 말할 필요가 없다

당신의 과제와 보고서, 판매 수치 또는 수익에 대한 통계 자료를 잘 기록해 두어야 한다는 점은 말할 필요도 없습니다.

162. (B) minimize 최소로 만들다

그 나라에 대해서 가능한 한 많은 것을 알아두고 그 말을 배우십시오. 그렇게 하는 것이 그 나라에 도착했을 때 문화적 충격을 최소화해 줄 것입니다.

163. (C) relieve 줄이다

음식을 적당히 먹고 긴장을 덜 수 있도록 규칙적으로 운동하십시오. 그리고 휴식을 취할 수 있는 시간을 마련하십시오.

164. (B) distractions 방해

방해받지 않고 집에서 일하는 것이 생산성을 증대시킬 것이란 점을 지적하실 수 있습니다.

165. (C) pretend 가장하다

이야기를 하는 듯 가장하지만 실제로는 비난을 하는 사람들이 상당히 많다.

166. (C) **periodic** 주기적인

근무 성적이 뛰어난 사람들에 대한 연구에서 일과 중에 주기적으로 휴식을 취할 때 가장 높은 실적이 오른다는 것이 밝혀졌다.

167. (A) **characterize** 특징짓다

아내의 영향력과 비판을 수용할 수 있는 남편은 행복한 부부의 특징이다.

168. (C) **presumptuous** 무례한

파티에 초대받지 않은 친구와 함께 가는 것은 무례한 짓이다.

169. (A) **in any context** 어떤 경우라도

어떤 경우라도 결혼식 초대장이나 카드에 선물을 언급하는 일은 올바르지 못하다.

170. (D) **require** 요구하다

백화점의 구매 담당이란 내 일은 몇 달에 한 번은 한두 주 정도의 출장을 요구한다.

4th Week 3일째

171. (C) **get along** 지내다

일하는 엄마로서 당신은 당신의 아이들이 얼마 동안 당신 없이도 지낼 수 있다는 자신감을 갖게 도와줄 필요가 있습니다.

172. (A) **for oneself** 스스로

그는 자신의 사업을 시작한 이후로 더 적은 돈을 벌고 있지만 독립해서 일한다는 점에서 훨씬 행복해 하고 있다.

173. (B) **care for ~** ~를 좋아하다

자긍심을 되찾기 위한 기간에는, 그 어느 때보다도, 당신의 주위에 당신을 좋아하고 성원해 주는 사람들이 있어야 합니다.

174. (C) events 행사

공적인 행사에 늦는다는 것은 특별한 관심을 끌기 위한 방법의
한 가지이거나 권력에 대한 분노와 반항의 표시이다.

175. (D) undo 돌이키다

첫인상이 중요하다는 것은 의심할 수 없지만 그것이 첫인상을
만회하는 게 불가능함을 의미하는 것은 아니다.

176. (B) exceptions 예외

오랫동안 같이 일한 직원과 같은 예외도 있지만 일반적으로 직
원은 사장에게 선물을 주지 않는다.

177. (C) token 표시

직장 상사에게 작은 감사의 표시를 하고 싶다면 지나치게 신체
적이거나 비싸지 않은 것을 사도록 하십시오.

178. (C) play up 강조하다

너무나 많은 사람들이 "바쁘다"는 말을 입에 달고 사는데 이는
자신이 중요한 사람이란 것을 강조하려는 유쾌하지 못한 말버릇
이다.

179. (C) maintain 유지하다

그녀는 어떻게 해야 실수를 사과면서도 자존심을 지킬 수 있는
지 알 정도로 현명하다.

180. (D) while ~이지만

선택권을 갖고 있다는 것은 좋지만 항상 당신이 선택해야 한다
는 생각은 당신을 힘들게 한다.

4일째

181. (B) link 연결하다

선도적인 기업들은 직원들이 하는 일과 급여를 연계시키기 위한
방법을 찾고 있다.

182. (A) compensation 급여

전체적인 급여에는 무료 주차, 회원권, 치과 의료보험 및 학비 보상이 포함되어 있다.

183. (C) stick 고정시키다

다른 일을 한다는 것은 두렵지만, 전혀 변함이 없거나 다른 것을 시도하지 않고 관행에 붙들려 있다는 것은 더욱 두렵다.

184. (D) look through 조사하다

직업 안내서를 조사해 본 다음 당신의 능력과 희망에 부합하는 직업의 간단한 목록을 작성해 보십시오.

185. (A) back off 양보하다

협상에서 언제 당신의 주장을 고집해야 할지 아는 것이 중요한 만큼 언제 양보해야 할지를 아는 것도 중요하다.

186. (C) obsess 붙들다

의기소침함에서 벗어나는 한 가지 방법은 무언가 활동적인 일에 몰두해 부정적인 일에 사로잡히지 않는 것이다.

187. (B) be obliged to do 어쩔 수 없이 ~하다

그녀의 책임은 아니었지만 Rebecca은 어쩔 수 없이 그 어지러진 것들을 치웠다.

188. (D) stand out 눈에 띄다

면접을 위한 복장에 대해 말하자면 면접자가 당신을 기억하는 데 도움이 되는 옷을 입어 다른 지원자들에 비해 눈에 띌 수 있다.

189. (C) curbs 억제하다

양이 적지만 탄수화물이 많은 간식을 드십시오. 그렇게 하면 혈당치가 높아지고 식욕을 억제할 수 있습니다.

190. (C) sidetrack 곁길로 빠지게 하다

국지적인 것에 빠져드는 완벽주의자는 사소한 일에 빠져들고 우선 순위를 세우지 못해 덜 생산적이다.

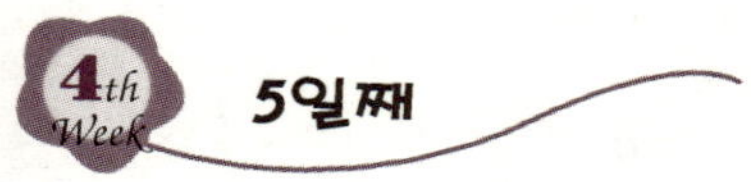

5일째

191. (B) capacious 넓은

우리는 5,000명 이상이 입장하리라 예상하기 때문에 그 공연을 위해 넓은 공연장을 예약했다.

192. (C) reveal 드러내다

우리가 돈을 쓰는 방법은 우리가 어떤 사람인지를 실제로 많이 드러내준다.

193. (C) detest 몹시 싫어하다

그는 산에 오른다는 것을 매우 싫어했지만 어쨌든 시도해 봤다.

194. (D) rarely 좀처럼 ~ 않는

우리는 돈을 관리하는 습관이나 절차에 너무나 익숙해져 있어서 좀처럼 그것들에 대해 의문을 품지 않는다.

195. (C) patience 참을성

완벽주의자의 버릇을 고치기는 쉽지 않지만 자신의 실수에 관대해지는 것이 올바른 방향으로 나아가는 첫걸음이다.

196. (A) sit back 가만히 앉아 있다

일단 어디로 갈 것인지를 결정하고 나면 가만히 앉아서 기회만 기다리고 있지 마십시오.

197. (B) update 최신 정보

안내문이 인쇄된 이후로 바뀐 것들이 많기 때문에 모든 참석자들은 새로 바뀐 내용들을 전달받을 것이다.

198. (C) sturdy 튼튼한

우리가 지나가도 될 정도로 그 다리가 튼튼한지 모르겠다.

199. (C) speak up 큰소리로 말하다

마이크가 작동하지 않았기 때문에 Mr. Butler는 들리기 위해 큰소리로 말해야 했다.

200. (A) advocate 지지하다

당신이 정말 필요하다고 생각하는 경우가 아니라면 의사들은 진통제 복용을 찬성하지 않는다.

주말 복습문제

1. (D) prescribe 처방하다

이틀치의 항생제 처방을 내릴 것이다.

2. (B) look after ~ ~를 돌보다

우리는 관련된 모든 사람들의 원하는 바를 충족시킬 수 없다.

3. (A) stand for ~ ~를 뜻하다

ABC는 American Broadcasting Corporation을 뜻한다.

4. (A) get along with ~ ~와 사이좋게 지내다

그들이 서로 사이좋게 지내길 바란다.

5. (B) sanction 허가

그들은 그 나라에 입국해 직업을 구할 공식적인 허가를 받지 못했다.

6. (C) appoint 임명하다

사장은 Mr. Baker를 동아시아 판매 책임자로 임명했다.

7. (A) context 배경

그는 어떤 배경에서 그 사건이 일어났는지 잘 알지 못한다.

8. (D) confirm 확인하다

나는 접수처에 전화해 Mr. Jones가 아직 그의 방에 있음을 확인했다.

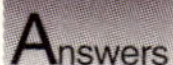

9. (D) **forecast** 예측하다

주가의 변동은 예측하기 어렵다.

10. (A) **while** ~ ~이지만

귀하의 제안은, 다른 측면에선 완벽했지만, 비용이라는 문제를 간과했습니다.

11. (B) **reproduce** 재현하다

그들은 그 술집 본래의 분위기를 재현할 수 없었다.

12. (C) **call off** 중단하다

회의는 내일까지 중단되었다.

13. (C) **prediction** 예측

그 결과를 예측한다는 건 거의 불가능하다.

14. (C) **swift** 빠른

George는 매우 신중한 사람으로 어떤 문제에 대해서도 성급한 결정을 내리지 않는다.

15. (D) **get together** 모이다

우리의 직원과 관리자들은 정기적으로 모여 여러 가지 문제들을 논의한다.

$\mathcal{B}$

D